Morgane Carré • Léa Drouelle • Elsa Pereira
& Héloïse Niord-Méry

Cahier de vacances *féministe*

N°3

Déplacez les montagnes !

Jeux et humour misandre • La petite histoire du drag
Les tutos de Bricobutch • Quel macho a dit ?

Les insolent.e.s

58, rue Jean Bleuzen – 92178 Vanves Cedex

Direction : Catherine Saunier-Talec
Responsables de projet : Marie Naudet et Mathilde Noizet
Rédactrices : Morgane Carré, Léa Drouelle et Elsa Pereira
Directrice artistique et illustratrice : Héloïse Niord-Méry
Mise en page : Elisa Santos
Relecture : Marie-Ève Foutieau et Jeanne Labourel
Fabrication : Marine Wiplier
Responsable partenariats : Dana Lichiardopol (dlichiardopol@hachette-livre.fr)

Dépôt légal : mai 2024
34-7339-0/01
ISBN : 978-2-01-725588-8
Imprimé en France

Love is in the air

Plus d'été sans Sorocité ! Plus de vacances sans cahier ! Cette année encore, nous vous avons concocté jeux, quiz, articles et coloriages féministes pour animer vos temps de pause et de bronzage. Au menu des réjouissances estivales : un arbre généalogique pour revisiter l'histoire des féminismes, des drag-queens flamboyantes, une carte des festivals militants, des sorcières badass ou encore un abécédaire pour gonfler son vocabulaire... Le tout saupoudré d'une pincée de misandrie !

Plein de nouveautés entre les mots croisés en anglais et la *short story* inédite, ce troisième millésime est placé sous le signe des amours... charnelles, parfois romantiques et évidemment sororales ! L'amour viendra illuminer vos journées à travers une sélection d'ouvrages qui le questionnent et de témoignages qui l'illustrent. Il se cachera dans des coloriages et déroulera son programme dans un soroscope dégoulinant de crème solaire (c'est important de se protéger des coups de soleil, mais aussi de ceux d'un soir...).

Et si les semaines qui s'annoncent vous semblent bien solitaires, n'ayez crainte, l'amour n'est pas que dans le regard de l'autre ! Il est dans la bienveillance que l'on se porte à soi-même, aux poils qui repoussent, aux cicatrices qui s'effacent, aux bourrelets et à la cellulite qui font front ensemble. On n'est pas obligé·e de les aimer, c'est vrai, mais on peut quand même leur foutre la paix (et à soi par la même occasion, vous ne trouvez pas ?).

Bel été et amusez-vous bien !

Sommaire

+ des jeux, des quizz, des coloriages, des tests...

• introduction •

Lettre d'amour

Pour introduire ce cahier placé sous le signe de l'amour et des gens qui s'aiment, on commence par une lettre. On peut se la lire à soi-même ou la lire à d'autres, quand on doute un peu ou qu'on se sent seul·e, quand tout nous paraît compliqué et qu'on ne comprend pas ce qui se passe dans notre tête, ni dans celle des autres, dès qu'on parle d'amour. Les références littéraires citées à la fin du courrier sont indiquées en page suivante !

Il est 8 h 30, je t'écris du canapé,
je n'arrivais plus à dormir.
Tu sais, le canapé où on a joué la dernière fois.
J'ai repensé à tout ce qu'on s'y est dit aussi.
Toutes les questions qu'on s'est posées.
J'ai fait mes petites recherches. Tu as raison.
Ou plutôt, je comprends pourquoi tu te méfies de l'amour.
On a utilisé son nom pour masquer
tellement de choses moches.
Et puis, cette manie sociétale de tout hiérarchiser.
De décider qui sont les premier·ères de la classe
et qui sont les cancres, même en amour.
Mais c'est vrai qu'en amour,
les cancres ne sont pas juste mis·es au coin.
Et les premier·ères de la classe sur le papier
ne s'en sortent pas toujours très bien non plus
dans la compétition de qui s'aime le mieux.

Alors, je comprends que tu te méfies du mot –
de le prononcer n'importe quand, devant n'importe qui.
Mais c'est peut-être un mot qu'on peut se dire juste
entre nous ? Parce qu'entre nous, c'est nous qui décidons.

Et puis il y a des ouvertures, des gens qui nous aiment
sans se poser la question de notre place dans le classement.
Tes ami·es, tu les aimes, et iels t'aiment en retour,
même si vous ne vous le dites jamais comme ça.

Toujours à cause de cette restriction
implicite sur l'usage du mot…

Tu as peur qu'une fois le mot prononcé,
a fortiori devant témoins, on nous mette dans
une boîte fermée : « Dans cette boîte se trouvent deux
amoureux·ses. Paris, juillet 2024. »
Et que tu ne puisses en sortir qu'en te brisant
en mille morceaux, et moi avec.
Mais c'est peut-être aussi la preuve qu'on s'aime un peu,
si on a peur de crever de douleur quand ça s'arrête.
On est déjà le nez en plein dedans.
Je voudrais que tu voies que c'est possible
et sans penser à la boîte.
Si tu n'y crois pas encore pour nous, peut-être que
tu croiras des gens qui ont réfléchi plus loin.
Peut-être que tu verras que ce n'est pas nous
qui ne savons pas aimer, c'est qu'on nous a appris
à mal le faire (Mona Chollet, bell hooks),
que l'amour, c'est plus grand que le couple
ou les relations amoureuses, qu'on peut aimer
ailleurs autrement (Diglee).
Tu verras aussi que ce n'est pas une question
de maintenant, que les cancres du passé s'aimaient parfois
si brillamment qu'on voit leur étoile encore aujourd'hui
(Virginia Woolf).
Et tu verras des gens d'aujourd'hui, de la vraie vie,
qui te montrent leurs amours, leur existence au monde
(Marie Docher) sur lesquelles on peut bâtir d'autres
possibles en repensant l'amour ensemble
(Victoire Tuaillon).

J'espère que tu y trouveras des réponses,
de la beauté et de l'optimisme pour toi et pour nous.

Je t'aime.

je t'aimais
je t'aime
et je t'aimerai

Trouver l'amour *dans les livres*

Pour dire l'amour et essayer de le comprendre à travers des récits ou des essais, on ne peut aujourd'hui plus faire abstraction du contexte sociétal dans lequel nos relations s'inscrivent. Voici quelques ressources qui nous emmènent sur les traces des amours déconstruites et, on l'espère, heureuses. Attention, piège : certaines se déploient comme des éventails et vous emmèneront de source en source jusqu'à l'infini si vous n'y faites pas attention !

Le Cœur sur la table

De son podcast du même nom sur Binge Audio, Victoire Tuaillon a tiré en 2021 un livre foisonnant. Elle s'appuie sur les témoignages de ses auditeur·rices et des écrits de penseur·euses féministes pour forger des réflexions sur la façon dont la société hétéropatriarcale construit nos relations amoureuses et sur les portes de sortie possibles. En intercalant ressources universitaires, artistiques et documentaires (romans, films, podcasts, tableaux), elle offre un répertoire solide d'histoires individuelles et de constructions collectives pour nous aider à nous y retrouver dans le champ de mines du marché de l'amour.

***Le Cœur sur la table* de Victoire Tuaillon – Binge Audio Éditions – 18 euros**

Réinventer l'amour
Comment le patriarcat sabote les relations hétérosexuelles

Le titre peut tromper quand on est perdu·e et qu'on cherche le chemin : il n'y a pas de solution en épilogue de cet essai paru en 2021. Comme Victoire Tuaillon, Mona Chollet s'attache à disséquer les mythes de l'amour romantique, de la masculinité et du partage des émotions pour comprendre les ressorts du couple hétérosexuel aujourd'hui et pourquoi il est presque par essence dysfonctionnel. Elle analyse les archétypes qui répondent aux critères d'acceptabilité d'une société encore trop binaire en matière d'amour et de sexualités.

***Réinventer l'amour – Comment le patriarcat sabote les relations hétérosexuelles* de Mona Chollet – Éditions Zones – 19 euros**

Orlando

Le fils de Vita Sackville-West, à qui Virginia Woolf dédie ce roman paru en 1928, l'a décrit comme la plus longue et la plus charmante des lettres d'amour dans la littérature. Orlando, personnage principal·e de cette épopée, incarne l'androgynie des Années folles. Iel voyage à travers l'Europe (de Londres à Constantinople), les époques (du XVIIe au XXe siècle) et surtout les genres, basculant du féminin au masculin et cultivant les entre-deux, pour y vivre des vies où l'amour nourrit sa poésie.

***Orlando* de Virginia Woolf – en poche chez Folio classique – 7,80 euros**

Atteindre l'aube

Moins long qu'*Orlando*, ce récit de Diglee publié en mai 2023 est aussi une lettre d'amour. Une ode à celui qu'elle portait à sa grand-tante Georgie et au personnage que cette dernière avait tenu jusqu'à ses derniers instants. En remontant le fil de l'histoire de Georgie, Diglee questionne l'admiration sans faille et l'aveuglement qui peut être le nôtre face aux ambiguïtés de nos très proches. Elle interroge aussi les formes d'amour destructrices récurrentes dans son arbre généalogique et les cassures qu'elle n'avait jamais vues pour en tirer un enseignement vital : on peut gâcher l'amour en s'obstinant à y croire même quand il n'est pas là.

***Atteindre l'aube* de Diglee – La Ville Brûle – 18 euros**

Et l'amour aussi

Marie Docher, photographe, signe une série de portraits écrits et en images de femmes lesbiennes, célibataires ou en couple en France, en 2023. De tous les âges et de tous les milieux, ces femmes forment un kaléidoscope des amours lesbiennes et queer. Le livre est une réponse au besoin de diversifier les représentations des lesbiennes pour mieux coller à une réalité multiple. L'autrice dresse un état des lieux, dix ans après l'adoption de la loi Taubira sur le mariage pour tous et toutes, de ce que signifie être lesbienne en France aujourd'hui.

***Et l'amour aussi* de Marie Docher – La Déferlante Éditions – 25 euros**

À propos d'amour

Définir l'amour. Constater l'échec américain des politiques fondées sur l'amour qui trouve son paroxysme dans la guerre du Viêt Nam. Confronter l'injonction à la loyauté envers le patriarcat, qui empêche les hommes d'aimer bien et les pousse à s'enfermer dans les mécaniques de domination. Parfois teinté d'un tantinet de c'était-mieux-avant, cet essai, publié en 2000 aux États-Unis – et seulement en 2022 en France – nous emmène sur les traces des vies intérieures et amoureuses de l'autrice, apporte des réponses factuelles aux théories fumeuses des chantres du développement personnel des années 1990 et livre la démonstration de la possibilité d'un amour : malgré tout, « l'amour véritable existe ».

***À propos d'amour* de bell hooks – Divergences – 16 euros**

Bas les masques !
On vous voit, les connards de la littérature !

Parce qu'on a du boulot pour démonter l'image d'Épinal de l'amour passion, des couples fusionnels et des associations tordues entre amour et souffrance, on a décidé de vous aider à les reconnaître. La littérature regorge de figures adorées de connards finis, saurez-vous trouver de qui il s'agit ?

***Nepo baby* de l'entre-deux guerres, je suis diplomate au sein de la Société des Nations.** Mes attraits physiques et mon statut social font de moi la cible des attentions des deux sexes et je les utilise pour éprouver mon pouvoir de séduction.
Quand je tombe réellement amoureux, je suis déçu que mes tours habituels fonctionnent sur l'objet de ma passion comme sur de vulgaires groupies.
Je fais de cette femme l'esclave de mon amour et je plonge avec elle dans cette relation qui nous détruit. Même mon nom évoque la brûlure du soleil.

Je suis, je suis, je suis ?

____

Solal, dans *Belle du Seigneur* d'Albert Cohen

Écrivain au succès relatif, j'ai toujours eu un comportement assez commun aux hommes qui bénéficient ne serait-ce que d'une once de pouvoir sur une ou des femmes dans le cadre professionnel. Je suis médiocre, addict et autocentré, ce qui me donne la confiance suffisante pour attaquer (sur Internet) une actrice du même âge que moi sur son physique, dans un habile combo sexisme-âgisme qui me paraît absolument hilarant.
Je ne comprends apparemment rien de ce qui m'arrive quand je suis dénoncé par une collaboratrice dont je ne me souviens pas vraiment, j'étais tout le temps bourré, pour harcèlement sexuel.
J'attire un peu de pitié, ça me paraît mieux que le rejet et l'indifférence des gens qui me tournent le dos.

Je suis, je suis, je suis ?

____

Oscar Jayack, dans *Cher Connard* de Virginie Despentes

Fantasme absolu de la fin du XXe siècle, je suis ce mec à qui tout réussit : carrière triomphante à Wall Street avant mes trente ans, corps de rêve sculpté avec soin, vie sociale épanouie. Archétype du « loup » que devraient s'arracher de jeunes michetonneuses perchées sur des stilettos, je cache évidemment une face sombre derrière ce masque doré parsemé de paillettes et de coke au coin du nez. J'incarne peut-être les fantasmes morbides de mon créateur dont j'ai grandement participé à faire le succès. Je viole, torture et tue mes partenaires sexuelles, ou peut-être que c'est seulement dans ma tête. Dans tous les cas, il est assez déconseillé de me fréquenter si on ne veut pas finir coupée en morceaux.

Je suis, je suis, je suis ?

____

Patrick Bateman, dans *American Psycho* de Bret Easton Ellis

Presque personnage préféré de Frédéric Lefebvre (attention réf politique de millenial, *beware gen Z*), je suis un ancêtre du *nice guy*. Vertueux, beau et juste, le malheur me frappe en dépit de mes immenses qualités. Mes déboires amoureux sont récurrents, mes deux premières femmes me trompent et celle dont je tombe finalement amoureux est déjà mariée, toutes des s******. Non, pardon, je suis gentil, ce sont les autres qui sont méchants, je suis trop bon pour ce monde de brutes ! Tout est bien qui finit bien, évidemment, et je suis récompensé en devenant calife à la place du calife (à peu près) et en récupérant sa femme comme *prize money*.
Le récit de mon destin est censé être une transposition critique de la société française des Lumières dans un style orientalisant bien dans son jus.

Je suis, je suis, je suis ?

____

Zadig, dans *Zadig ou La Destinée* de Voltaire

Choisissez
les bons mots !

C'est l'heure de tester votre vocabulaire ! Seriez-vous capable d'expliquer correctement à votre voisin·e de serviette de plage la différence entre orientation sexuelle, identité de genre et expression de genre ?

Si je suis en phase avec l'identité de genre que l'on m'a assignée à la naissance, mais que je sors avec une personne non binaire, peut-on en déduire que mon orientation sexuelle s'affranchit des modèles hétéronormés ? Vous n'avez pas compris grand-chose aux lignes que vous venez de lire ? Pas de panique : vous êtes probablement loin d'être la·le seul·e (et puis on l'avoue, on l'a un peu fait exprès pour vous embrouiller). Car à moins que vous ayez relu à plusieurs reprises les essais de Judith Butler et/ou de Monique Wittig, pas toujours facile de s'y retrouver entre toutes ces notions. Voici quelques explications pour vous aider à y voir plus clair…

Identité de genre

C'est une fille ou un garçon ? Dans nos sociétés hétéronormées actuelles, cette question semble souvent inévitable à l'annonce d'un « heureux événement ». Si le risque de vous faire conspuer pour l'avoir posée reste faible (du moins tant que les cisgenres exerceront leur règne), la réponse, elle, se limite la plupart du temps à nos organes génitaux. Un vagin ? Fantastique, c'est une fille ! Un pénis ? Félicitations, c'est un garçon !

Voici, grosso modo, comment le genre est attribué à tout·e un·e chacun·e : en fonction du sexe biologique, donc. L'identité de genre va alors désigner si l'on se sent en adéquation avec le genre que l'on nous assigne à la naissance. Pour certaines personnes, c'est le cas : on les appelle les personnes cisgenres. Mais pour d'autres, l'identité de genre se situe entre les deux (*gender fluid*), dans les deux à la fois (non binaires) ou aucun des deux (agenre).
L'identité de genre peut changer tout au long de l'existence d'une personne.

Expression de genre

Ce terme fait référence à la manière dont une personne va exprimer son identité de genre : par ses vêtements, sa coiffure, sa voix, son attitude, ses gestes… Elle peut reproduire les stéréotypes de genre véhiculés par la société ou au contraire s'en affranchir : une femme cisgenre peut par exemple adopter un style « neutre » unisexe.

D'autres personnes vont au contraire adopter des codes en opposition à leur genre assigné à la naissance, comme les drag-queens et les drag-kings ou encore les personnes transgenres. Lorsqu'une personne transgenre adopte des codes genrés par volonté d'être identifiée comme cisgenre, on dit qu'elle « cispasse » ou qu'elle pratique le *passing*. Cela peut se traduire par exemple par le fait de masculiniser sa voix, de se laisser pousser une barbe ou encore de recourir au *tucking* (dissimuler la forme du pénis et des testicules à l'aide d'un vêtement). Comme elle est étroitement liée à l'identité de genre, l'expression de genre peut, elle aussi, être fluctuante dans la vie d'un individu.

Orientation sexuelle

Elle est souvent confondue avec l'identité de genre. L'orientation sexuelle n'a pourtant rien à voir puisque, comme son nom le suggère, elle indique des préférences sexuelles, affectives et/ou romantiques. On peut par exemple être hétérosexuel·elle si on est attiré·e par des personnes du genre opposé, gay ou lesbienne si on préfère les individus du « même sexe » ou bien les deux (bisexualité). Mais il existe beaucoup d'autres formes d'orientation sexuelle qui s'affranchissent des modèles dominants, par exemple les pansexuel·les (ressentir une attirance sexuelle en s'émancipant des genres), demi-sexuel·les (ne pas éprouver de désir sexuel pour un individu en l'absence d'un lien émotionnel fort) ou encore skoliosexuel·elles (être attiré·e par les personnes *gender fluid* ou non binaires).

À vous de jouer !

Maintenant que l'identité de genre et l'orientation sexuelle n'ont plus de secret pour vous, compléter ce texte à trous devrait être un jeu d'enfant ! Remplissez chaque blanc, en choisissant entre les termes identité de genre, expression de genre ou orientation sexuelle.

“

La conférence sur le thème du genre organisée dans ce lycée était sans précédent.
Ouverte à tous les élèves, au corps enseignant et aux parents,
elle mettait un point d'honneur à ne faire aucune discrimination :
toutes les ______________________________
y étaient représentées.

Et c'était sans doute ça le plus important : tou·tes les élèves étaient invité·es
à donner libre cours à leur ______________________________.

C'est d'ailleurs à cette occasion que Lou, 16 ans, a eu une révélation
et a décidé de faire son coming out non binaire.
Un vrai tournant dans son existence, puisqu'iel se sentait désormais prêt·e
à assumer son ______________________________.

Et iel n'était pas l'unique concerné·e : en osant prendre la parole
et s'exprimer sur ce sujet, Lou a réalisé que certain·es de ses camarades
ressentaient elleux aussi le besoin de faire leur coming out.
Iel a découvert que Mia était bisexuelle.

L'______________________________
de son amie était un sujet que les deux acolytes,
qui se connaissaient pourtant depuis de nombreuses années,
n'avaient jamais abordé jusqu'ici.

”

Réponses page 90

Abécédaire *féministe et LGBTQIA+*

Les mots ont leur importance lorsqu'il s'agit de défendre les droits des femmes et des personnes LGBTQIA+. Et les langues évoluent constamment ! Voici un petit aperçu des nouveaux termes militants avec cet abécédaire (non exhaustif), qui vous permettra de briller lors de votre prochaine soirée barbec.

A comme adelphité

Un joli mot pour englober les termes de sororité et de fraternité. D'origine grecque, il est issu du mot « *adelphós* », qui désigne deux enfants issus de mêmes parents (sans distinction de genre). Certain·es militant·es féministes préfèrent désormais ce terme à celui de « sororité », qu'elles considèrent plus inclusif.

B comme *bropriating*

Contraction des mots anglais *brother* (« frère ») et *appropriating* (« s'approprier »), ce mot est employé pour décrire cette fâcheuse habitude qu'ont les mecs de s'approprier les idées des meufs et de récolter tous les lauriers. Une situation qui reste malheureusement monnaie courante, en particulier dans le monde du travail.

C comme cistème

Jeu de mots (vous l'aurez deviné) utilisé pour désigner une discrimination et une oppression systémiques à l'encontre des personnes trans exercées par les individus cisgenres. On parle également de « cisnormativité » pour souligner la hiérarchie des identités de genre, qui stigmatise les personnes non binaires ou transgenres.

D comme dépatriarcalisation

Toute trace de patriarcat doit disparaître ! Ce mot fait référence à la démarche et à la volonté d'abolir les traditions patriarcales dans les musées, dans les sciences ou encore dans les institutions religieuses. Le mot ne figure pas (encore) dans les grands dictionnaires français, mais il apparaît depuis une dizaine d'années dans certains médias.

G comme gynocide

Mot utilisé pour dénoncer les violences et les meurtres commis spécifiquement contre des groupes de femmes, souvent en raison de leur origine ethnique ou religieuse, mais avant tout en raison de leur genre. C'est par exemple le cas en Inde, où les femmes sont victimes de violences conjugales, notamment lorsque leurs familles n'ont pas les moyens financiers de s'acquitter de la dot. En 2020, près de 7 000 femmes au foyer auraient été tuées en Inde, et 1 700 autres se seraient suicidées pour des affaires de dot*.

I comme intersectionnalité

Terme théorisé à la fin des années 1980 par la juriste américaine Kimberlé Crenshaw pour décrire la double discrimination subie par les femmes noires, victimes à la fois de sexisme et de racisme. Au fil du temps, le terme a acquis une définition plus large et englobe désormais les convergences de plusieurs luttes : féministes, anti-racistes, décoloniales, anti-classistes, etc.

K
comme *kink-shaming*

Mot utilisé pour pointer la stigmatisation des fantasmes et pratiques sexuelles de certaines personnes, le plus souvent celles issues des communautés LGBTQIA+. Le *kink-shaming* peut par exemple se manifester lorsqu'un individu adepte du BDSM ou du fétichisme va être jugé pour ses préférences sexuelles soi-disant « tordues » ou encore se faire traiter de « pervers·e ».

M
comme misandrie

L'inverse de la misogynie, vous dites ? Pas tout à fait. Moyen de défense intellectuelle des féministes et des LGBTQIA+, la misandrie consiste à mettre en lumière les discriminations et les violences engendrées par le système patriarcal (ainsi que par toutes les personnes qui les perpétuent). La misandrie s'exprime souvent à travers l'humour. Attention, ce cahier de vacances en est truffé !

P
comme police du ton

Une pratique qui somme toute personne sexisée ou racisée de « bien vouloir baisser d'un ton » lorsqu'iel exprime une idée de façon jugée un peu trop « émotive » ou « agressive ». Pas de grossièreté, et un discours policé, s'il vous plaît ! Eh oui, même si vous parlez de guerre, de racisme, de sexisme, de destruction de la planète et (surtout) de wokisme...

S
comme *stealthing*

Le *stealthing*, c'est le fait de retirer le préservatif (ou alors de faire semblant d'en mettre un) au beau milieu d'un rapport sexuel, sans prévenir sa ou son partenaire. Souvent décrit comme une agression sexuelle, cet acte est toutefois considéré comme un viol par le système judiciaire de certains pays, comme en Nouvelle-Zélande.

T
comme transmisogynie

Comme son nom le suggère, la transmisogynie fait référence à la haine à l'encontre des femmes trans et des personnes transféminines. On a vu ce terme apparaître pour la première fois en 2007, employé par la biologiste américaine Julia Serano dans son essai *Whipping Girl*.

V
comme vulve ou vagin

Autrefois synonymes de honte et de tabous, les organes génitaux féminins (vagin, vulve, clito) ont été réhabilités ces dernières années dans l'espace public pour s'ériger en armes militantes. Parce que l'intime est politique, on les voit désormais sur les pancartes de manifs, dans les séries télé et même dans les manuels scolaires (il était temps) !

W
comme woke

Difficile de passer à côté de ce mot tant il a été médiatisé et instrumentalisé par les réacs ! Il renvoie initialement à l'éveil des consciences face à l'oppression raciste subie par les Afro-Américain·es dans les années 1960. Un brin galvaudé, il désigne aujourd'hui la prise de conscience liée à l'ensemble des grands combats sociétaux progressistes.

X
comme xénoféminisme

Apparu en France dans un manifeste publié en 2014, le xénoféminisme prône « un féminisme technomatérialiste susceptible de dissoudre les normes de genre ». En d'autres termes, faire appel à la technologie pour contrer les arguments fondés sur la biologie qui nourrissent les inégalités et ancrent les stéréotypes genrés. Cela passe par exemple par le fait de faciliter l'accès aux hormones pour les personnes souhaitant entamer une transition de genre.

**D'après une dépêche de l'AFP publiée en 2022 et qui s'appuie sur les données du Bureau national indien des archives criminelles.*

Quel **macho** a dit ?

Spécial politicien·ne·s

C'est devenu une habitude de la maison : chaque été, on tourne en ridicule nos machos préférés (non) en publiant leurs pires pépites misogynes. Et quand on s'aventure en politique, on n'a malheureusement pas besoin de chercher bien loin pour les débusquer. Saurez-vous deviner qui les a dégainées ?

« **Calmez-vous, madame, ça va bien se passer.** »

Gérald Darmanin à la journaliste Apolline de Malherbe le 8 février 2022 sur BFMTV.

« **Peut-être avait-elle mis cette robe pour ne pas qu'on écoute ce qu'elle avait à dire.** »

Patrick Balkany à propos de la robe à fleurs qu'a portée Cécile Duflot à l'Assemblée nationale le 17 juillet 2012.

« **Est-ce que vous pouvez vous calmer ?** »

Stéphane Le Foll à Sandrine Rousseau sur France 2 le 12 juin 2022.

« **Pourquoi les femmes qui ont le moins de chances de tomber enceintes sont celles qui s'inquiètent le plus de se faire avorter ?** »

Le député républicain de Floride Matt Gaetz lors d'une conférence conservatrice destinée aux étudiant·es le 23 juillet 2022 aux États-Unis.

« **Savez-vous pourquoi Mme Bresso est toujours de mauvaise humeur ? Parce que le matin, quand elle se lève et se regarde dans le miroir pour se maquiller, elle se voit. Et comme ça, sa journée est déjà gâchée.** »

Berlusconi, en mars 2010, à propos de Mercedes Bresso, alors candidate du Parti démocrate à la présidence de la région du Piémont.

« **Il ne s'agit pas seulement de la volonté des hommes d'abuser, mais aussi de la volonté des femmes d'être abusées.** »

Sebastián Piñera Echenique le 2 mars 2020 (à l'époque président de la République du Chili) lors de la promulgation de la loi Gabriela, qui durcit les peines en cas de féminicide.

Parcours de combattante

Lorsque l'on est une femme ou une personne non binaire, porter plainte pour violence conjugale, agression sexuelle ou viol s'avère (trop) souvent un véritable parcours de combattant·e. La procédure peut s'avérer très longue et s'étaler sur des années, avec des conséquences psychologiques et financières non négligeables pour les victimes.

Ces dernières années, l'un des pays les plus touchés au monde par les violences sexuelles et domestiques a mis en place des dispositifs pour améliorer la prise en charge des victimes. Devinez duquel il s'agit en notant (et en remettant dans l'ordre) toutes les lettres que vous croiserez sur votre chemin pour vous extirper de ce labyrinthe.

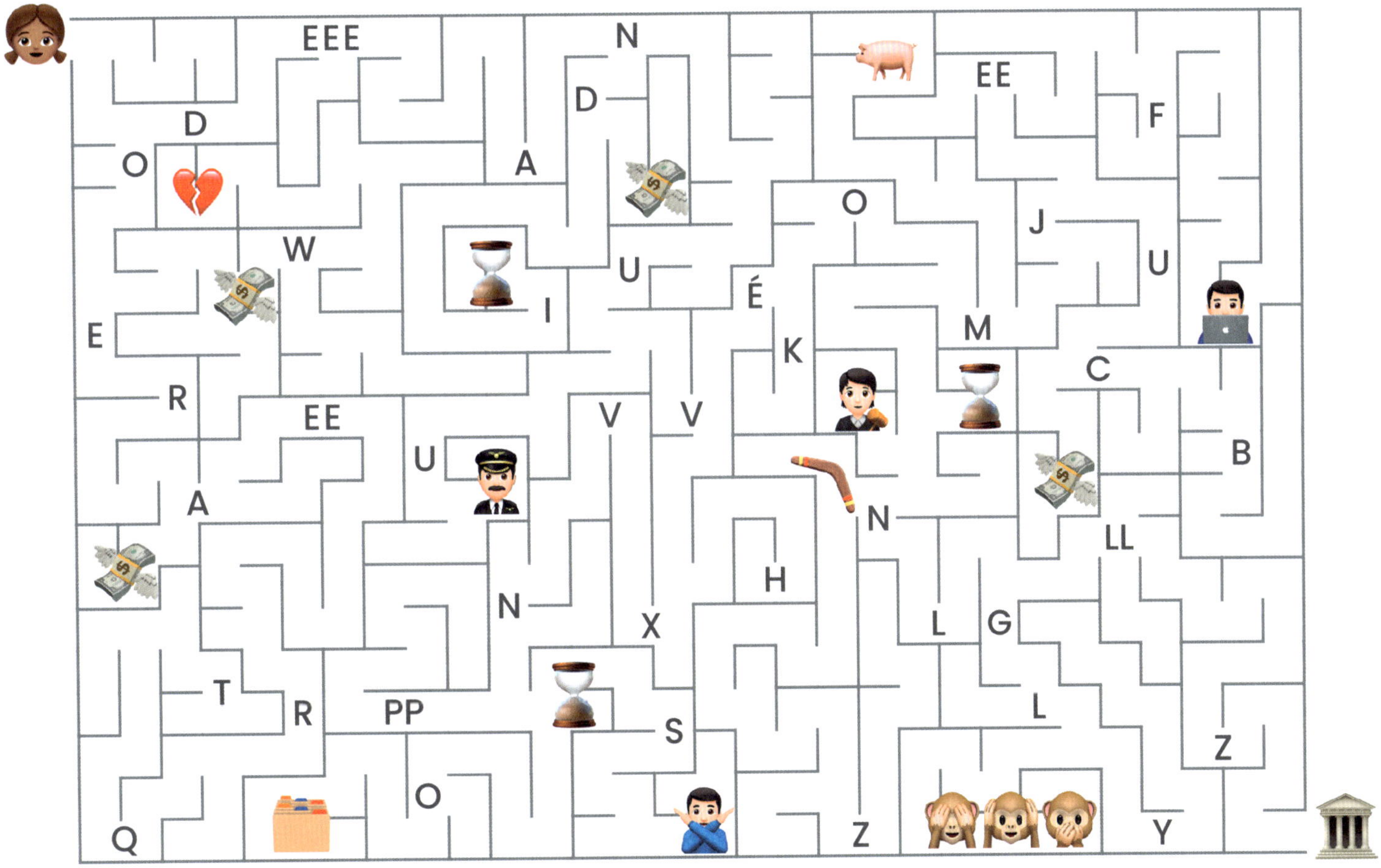

Nom du pays :

_ _ _ _ _ _ _ _ _ _ _ _ _ _ _ _ _

Réponses page 90

Parlez-vous l'émoji ?

L'émoji est un langage devenu en quelques années universel. On s'en sert sur les applis de rencontre pour conclure, par mail pour répondre de manière passive-agressive à son ou sa collègue ou sur Insta pour réagir à un *mansplainer* de première catégorie… Bref, puisqu'il fait partie de notre quotidien, on vous propose de tester votre habileté à le décrypter.
Pour chaque proposition, retrouvez le titre du film codé en émojis (attention, il ne s'agit pas de rébus !) :

1 

2 

3 

4 

5 

6 

7 

8 

Réponses page 90

À votre **avis ?**

Quand il s'agit de verser dans les inégalités en tout genre, Internet n'est pas en reste. On connaît déjà les algorithmes sexistes et le cyberharcèlement. Mais d'autres domaines du numérique nous réservent hélas quelques « surprises ». À vous de deviner lesquelles !

À votre avis

Quel est le pourcentage de contenus véhiculant des stéréotypes de genre sur Instagram ? Et le pourcentage de contenu sexiste sur TikTok ? Coloriez la jauge pour répondre.

0% — 100%
INSTAGRAM

0% — 100%
TIKTOK

Réponses : Sur Instagram, 68 % des contenus propagent des stéréotypes de genre. Sur TikTok, 42,5 % des vidéos d'humour et de divertissement contiennent des représentations dégradantes des femmes.

Source : Rapport du Haut Conseil à l'égalité entre les femmes et les hommes, *La Femme Invisible dans le numérique : le cercle vicieux du sexisme*, publié le 7 novembre 2023.

À votre avis

Au sein des couples hétéros, qui du père ou de la mère s'occupe le plus de surveiller les pratiques numériques de leur(s) enfant(s) ? (temps d'écran, gestion des comptes et des dépenses, installation des logiciels de contrôle parental, etc.)

☐ Le père ☐ La mère

Réponses : Les mères !

Source : Enquête publiée en 2023 et réalisée par la Dre Fae Heaselgrave, chercheuse à l'université d'Australie-Méridionale. La recherche suggère que les mères, en particulier, subissent une charge mentale «incessante et intense» liée à l'activité numérique de leur(s) enfant(s).

À votre avis

ChatGPT est-il plutôt sexiste, raciste ou plutôt grossophobe ?

☐ Sexiste ☐ Raciste

☐ Grossophobe

Réponses : Les trois, mon capitaine !

Source : Plusieurs expériences avec la première version du robot conversationnel (ChatGPT-3.5) réalisées par des chercheur·euses en numérique et éthique ont démontré que ChatGPT, fidèle au contenu que l'on peut trouver sur la Toile, n'était pas exempt de biais sexistes, grossophobes et racistes.

Retrouvez **les paroles !**

La chanson francophone regorge de pépites aux paroles plus ou moins poétiques, mais résolument féministes ! Saurez-vous retrouver les extraits manquants de ces titres, ainsi que leur interprète ?

1 _ _ _ _ _ _

Balance ton quoi, 2018

« J'ai vu qu'le rap est à la mode/
Et qu'il marche mieux quand
il est ________ »

☐ sale ☐ poétique

« Bah, faudrait p't'être casser les ________/Une fille qui l'ouvre, ça serait normal/Balance ton quoi »

☐ couilles ☐ codes

« Même si tu parles mal des ________/Je sais qu'au fond, t'as compris/Balance ton quoi, un jour, peut-être, ça changera »

☐ zouzs ☐ filles

2 _ _ _ _ _ _ _ _

Deuxième sexe, 2019

« On m'a souvent dit qu'être ________, ça donn'rait un sens à ma vie/J'ai toujours pensé le contraire, mais rares sont ceux de mon avis »

☐ mec ☐ mère

« Je n'ai ni l'instinct, ni l'envie, on me répète que ça viendra/Que mon destin s'ra accompli quand j'tiendrai la ________ dans mes bras »

☐ virilité ☐ vie

« Je les vois déjà me crucifier, tous à me montrer du doigt/Pourquoi devrais-je me ________ ?
Au fond ça ne concerne que moi »

☐ justifier ☐ questionner

3 _ _ _ _ / _ _ _ _ _ _ _

Sexe d'un garçon, 2019

« Je ne suis pas une poupée fragile/
Mais une ________ des années 2000/Je n'ai pas vraiment le sexe d'un garçon »

☐ artiste ☐ femme

« Mais, ce qu'il faut pour me faire entendre/Dans ce monde sans façons/Où les femmes sont mises de côté/Pas toujours ________ »

☐ aimées ☐ écoutées

« Je n'ai pas vraiment le sexe d'un garçon
Mais, ce qu'il faut pour me faire entendre/ À tort ou à raison/Je ne veux pas être mise ________ /
Comme Miss météo »

☐ de técô ☐ tout en haut

4 _ _ _ _ _

Gare aux cons, 2007

« Voilà comment parlent certains garçons/
Quelle honte ! Ils mériteraient une bonne ________/
Tu veux jouer ? On va jouer ! J'lui dis :
"Baisse ton caleçon !" »

☐ correction ☐ leçon

« Tu parles beaucoup, ça manque d'action/
Tu m'as demandé une ________ ? Tout à coup, Alphonse a une révélation/Il renonce et me dit "Ouais vas-y c'est bon. Lâche-moi pardon." »

☐ fellation ☐ strangulation

« J'lui dis "C'est bien là, t'as l'air moins con/
C'est pas normal d'avoir besoin de parler aux femmes de cette façon/Y a un sérieux problème d' ________ " »

☐ élocution ☐ éducation

Réponses page 90

Réécrivez **les paroles !**

Malheureusement, tout·e mélomane éclairé·e sait également que la chanson française connaît son lot de paroles sexistes. Et si vous aussi, vous cassiez les codes en réinventant les textes de certains titres qu'on ose à peine fredonner tant ils transpirent la misogynie ? Passez à l'action en imaginant ce que des artistes déconstruit·es auraient pu écrire à la place de ces extraits de chansons !

Black M

Je ne dirai rien, 2014

Paroles originales :

Tu te crois super intelligente
et mature . Hélas, la seule raison
pour laquelle on t'écoute
sont tes obus.

Paroles revisitées :

____

____

____

____

____

Léo Ferré

Ton style, 1971

Paroles originales :

Ton style, c'est ton cul,
c'est ton cul, c'est ton cul
Ton style, c'est ma loi quand
tu t'y plies salope.

Paroles revisitées :

____

____

____

____

____

Georges Brassens

Une jolie fleur… dans une peau de vache, 1954

Paroles originales :

Elle n'avait pas de tête, elle n'avait pas.
L'esprit beaucoup plus grand
qu'un dé à coudre.
Mais pour l'amour, on ne demande pas.
Aux filles d'avoir inventé la poudre.

Paroles revisitées :

____

____

____

____

____

Réponses page 90

SO
RO
RI
TÉ

Comment la sororité façonne notre rapport aux autres ?

N'en déplaise à notre meilleur pote (non) Raphaël Enthoven[1], la sororité se taille aujourd'hui une part de choix parmi les concepts piliers du féminisme. Si elle est revendiquée autant par Alice Coffin[2] que par Marlène Schiappa[3] (sincèrement ou par opportunisme), c'est que la sororité emporte une large adhésion chez les personnes qui s'intéressent au féminisme.

Fin des années 2000, à la sortie de décennies de luttes féministes moins flamboyantes, centrées autour de l'égalité salariale et de la réussite des femmes dans le monde du travail, le mythe de la rivale était si solidement ancré dans les esprits qu'il formait notre grille de lecture de toutes les relations humaines, amoureuses, au travail, au sein des fratries (!) et même entre mères et filles. #MeToo a mis un coup de canif dans cette toile de fond solidement tissée sur la trame du patriarcat, en voyant des millions de femmes à travers le monde se tendre la main et se reconnaître dans les souffrances de leurs congénères. Et voilà la sororité ressuscitée du coma artificiel dans lequel le terme avait été plongé depuis les années 1970.

Les cris d'orfraie de nos philosophes en carton (est-ce qu'on a aussi ceux qu'on mérite ?) n'ont pas empêché qu'on se penche de nouveau sur les racines du mot et de son utilisation. Comme le rappelle Chloé Delaume[4] dans l'ouvrage collectif qu'elle consacre à cette notion en 2021, Rabelais aurait le premier mis ce mot au goût du jour au XVIe siècle, en l'appliquant à des communautés de femmes dépourvues d'objectif religieux. La sororité, sortie de la famille, apporte cette horizontalité dans les liens entre femmes, la solidarité d'emblée qu'on attend de celles qui vivent les mêmes injustices que nous et parfois d'autres encore – ainsi l'intersectionnalité peut-elle surgir de la sororité. Sur son bouclier viennent se briser les lames des rivalités féminines construites sur nos différences et nos insécurités. Elle n'est pas conditionnée par l'affectif : pas besoin d'être amies pour être sœurs. La sororité nous permet de reconnaître l'autre en nous, sans lui ôter son altérité : l'autre n'est pas nous, elle est une sœur, elle est elle-même, nous sommes ensemble.

Au-delà d'une idée, ce sont les faits qui viennent étayer l'existence de la sororité, et qui expliquent sa résurgence dans la langue. Ce sont les élans collectifs ou plus confidentiels qui la font apparaître et nous somment de dire son nom pour l'expliquer, la faire exister. Il y a #MeToo, il y a tendre un tampon ou un anti-inflammatoire à sa collègue qui a ses règles en avance, il y a rentrer à deux après une soirée pour se sentir plus en sécurité, il y a sourire à cette inconnue qui galère avec son enfant dans le train en rentrant des vacances.

On est comme vous, on a besoin de savoir que ces moments-là existent, alors on vous a posé la question : pour vous, la sororité, qu'est-ce que ça signifie ?

Découvrez les réponses de nos lectrices dans les pages qui suivent pour prendre un shot d'espoir après votre baignade ou en rentrant de rando :)

---

1. « La sororité est à la fraternité ce qu'un club de supporters est à la nation », sur Europe 1 en novembre 2017. Toujours les bons mots pour nous rappeler que lui et sa clique estiment qu'on n'existe qu'en miroir déformant des hommes.
2. Autrice du *Sister Insider* dans l'ouvrage collectif coordonné par Chloé Delaume.
3. Trop d'occurrences pour n'en citer qu'une, mais on peut retenir le « manque de sororité » qu'elle reprochait régulièrement à des femmes politiques issues des oppositions.
4. Le fameux ouvrage collectif où l'on trouve Alice Coffin aux belles éditions Points féministe, dont les couvertures violettes envahissent les meilleures librairies.

Cécile
32 ans

Pour moi, la sororité est la condition *sine qua non* à l'établissement d'une société véritablement basée sur l'entraide, la solidarité et la bienveillance. Elle n'est pas que le pendant féminin de la fraternité : elle est un guide pour faire mieux collectivement et individuellement, dans l'espace public et politique comme dans l'intimité de nos relations. Une force qui réside dans notre capacité à nous écouter, entre nous et pour nous.

Yousra
23 ans

Dans la vie de tous les jours, je ressens de la sororité avec mes amies, ma famille. Je pense que la solidarité féminine existe, c'est réel, je la ressens très régulièrement. Avant, on mettait surtout en avant l'idée de rivalité féminine, mais quand une femme a besoin d'aide, qui lui en apporte ? Qui a le plus d'empathie ?

> “ **La solidarité féminine existe, c'est réel.** ”

Margaux
28 ans

Du soutien, de l'entraide, de la bienveillance les unes envers les autres. Bien sûr, on ne peut pas toutes être meilleures amies, mais au-delà du fait d'être des femmes, nous restons des individus à part entière. Être femme ne devrait pas être la seule chose qui nous définisse, nous avons toutes notre propre personnalité, des vies différentes, des opinions et des avis qui peuvent varier d'une femme à une autre. Mais il me semble important, puisque nous partageons le même combat concernant nos droits et notre liberté, que les femmes restent unies au moins sur ces sujets.

Isabelle
48 ans

Avant, on n'entendait jamais ce mot, je l'ai même cherché dans le dictionnaire la première fois que je l'ai entendu ! On avait seulement « Liberté, égalité, fraternité », et pourquoi il n'y aurait pas « Liberté, égalité, sororité » ? Les mots sont importants, le terme de « sororité » fait partie de notre vocabulaire aujourd'hui, il a une existence dans notre quotidien.

Renée
70 ans

J'ai toujours eu une grande amie dans ma vie. Pour moi, ça change tout d'avoir une amie femme. Il y a une complicité qui se forme. Il y a des choses que seules les femmes comprennent. Après, la question de la sororité n'est pour moi pas essentielle, je trouve que le féminisme en fait un peu trop sur ce point, qu'il y a des sujets sur lesquels il faut se battre envers et contre tout, comme l'égalité salariale.

> “ **L'union dans la différence.** ”

Ivonne
28 ans

Quand j'étais petite, ce qui était cool, c'était de traîner avec des garçons. Ma mère me disait : « Il y a toujours des problèmes avec les autres filles... » À l'université, il n'y avait aussi que des hommes (je suis ingénieure). Ce n'est qu'à 25 ans que j'ai réalisé que c'était vraiment génial d'avoir des copines !

Leslye
33 ans

S'écouter, se comprendre, s'accepter malgré les différences des unes et des autres. C'est se soutenir par des gestes, des mots et s'entendre. Aujourd'hui, dans le féminisme, il y a beaucoup de courants différents, et on n'a presque plus le droit à l'erreur. On oublie de s'écouter pour se comprendre. C'est ça, pour moi, la définition de la sororité : l'union dans la différence.

> “ **S'écouter, se comprendre, s'accepter malgré les différences des unes et des autres.** ”

Sofia
42 ans

La sororité est l'une des pierres angulaires du féminisme. Parce que ce n'est qu'en étant solidaires entre nous que l'on a une chance de lutter contre le patriarcat, contre les violences faites aux femmes, contre les inégalités et les discriminations ! Pendant longtemps, le système patriarcal nous a divisées pour mieux régner. Mais depuis #MeToo, les cartes ont été rebattues. Même si certaines femmes parlent encore du « droit d'importuner », je trouve qu'il y a davantage de solidarité entre nous.

> « Pendant longtemps, le système patriarcal nous a divisées pour mieux régner. »

Laure
34 ans

Pour moi, la sororité consiste à porter une attention particulière à ne pas nuire aux autres femmes et, idéalement, à activement les soutenir. Dans le premier cas, par exemple dans une conversation où l'on ne serait pas forcément d'accord avec ce que dit une femme, mais que ses « adversaires » la rabaissent ou la contredisent clairement en raison de son genre, faire passer ce paramètre avant tout, quitte à ensuite, en privé, revenir avec elle sur notre désaccord. Cela peut aussi signifier, plus activement donc, être attentive aux autres femmes dans la rue ou dans l'espace public en général, dans des contextes de tensions.

Coraline
35 ans

La sororité est la solidarité entre les femmes. À l'opposé de ce que la société patriarcale nous enseigne : la compétition, la jalousie. La sororité, c'est aussi bien aider une femme qui trébuche à cause de ses talons, soutenir les victimes de violences sexistes et sexuelles que célébrer tous les corps.

Ali
27 ans

Dans la vie de tous les jours, c'est une considération à part entière envers toutes les filles et femmes que l'on croise ou que l'on rencontre, qui s'inscrit dans une bienveillance et une solidarité qui ne demandent pas de réciprocité ni aucune autre condition et permet de sortir de la rivalité pour pleinement exister en dehors du regard masculin.

> « Exister en dehors du regard masculin. »

Béatrice
62 ans

Une sorte de lien invisible et fort entre les femmes qui permet le soutien, l'écoute, l'entraide.

Ines
15 ans

Pour moi, la solidarité féminine est très importante, de pouvoir se soutenir les unes les autres surtout que l'on vit toutes les mêmes choses. Bien sûr, j'ai des amitiés avec des garçons, mais ce n'est jamais la même chose, on se comprend vraiment entre nous. C'est essentiel d'être solidaires parce qu'on essaye déjà tellement de nous rabaisser.... Si on ne se soutient pas entre nous, on pourra jamais y arriver !

> « C'est essentiel d'être solidaires parce qu'on essaye déjà tellement de nous rabaisser... »

Neis
27 ans

Au départ, j'étais très méfiante. Tout d'un coup, on n'entendait plus parler que de sororité. J'y trouvais une forme d'artificialité liée à cet effet de mode. J'ai compris un peu tardivement que le mot permettait de rassembler, que le fait de « nommer » permettait à certaines personnes de mieux appréhender le concept de solidarité féminine, de le vivre, de le passer à d'autres. Pour ma part, je lui préfère la notion d'adelphité, que je trouve plus actuelle, plus inclusive.

Des bouquins *à potasser pour explorer la sororité !*

À LIRE !

***Rivales* de Marie-Aldine Girard (Flammarion, 2022) :** *Rivales* nous offre un petit florilège, une chronologie affreusement commune des femmes qui s'opposent, se comparent, se diminuent les unes les autres pour paraître chacune plus grande. Rivales de l'école maternelle à l'université, entre mères et filles, au travail. Marie-Aldine Girard, à travers des témoignages et quelques chiffres qui résonnent un peu (beaucoup) trop, pointe ce conditionnement particulier qui nous est imposé. Un conditionnement comme dans une boîte fermée. Il faut être celle qui occupe « la place » offerte aux femmes, se battre uniquement pour celle-ci contre toutes les autres femmes et, ainsi, abandonner l'idée de prendre celle d'un homme. Pour sortir de la rivalité, il faut dépasser la menace, voir la sœur.

***Femme portant un fusil* de Sophie Pointurier (Harper Collins, 2023) :** Avec *Femme portant un fusil*, Sophie Pointurier porte le récit d'une sororité organisée autour d'un lieu, un village. Ce village du Tarn est choisi par Claude, quadragénaire divorcée, pour accueillir son rêve de reprendre sa vie en main, partagé avec d'autres femmes rencontrées sur Internet. Une communauté de femmes presque autogérée et en quasi non-mixité, puisque seul le fils adolescent de Claude est admis dans leurs rangs. C'est aussi le récit de la violence des hommes, jusqu'au fond d'une campagne qu'on voudrait protectrice, isolante. Et de la riposte. Et de la sororité face aux conséquences de cette riposte.
Ce roman, dont certaines scènes sont si proches du réel, retrace à travers son éventail de personnages intergénérationnels l'histoire moderne et contemporaine des sororités. Il rassemble les béguines, le Women's Land Trust en Oregon, le Kvindelandet danois jusqu'à #MeToo et aux collages féministes à travers leur point commun : des bandes de meufs qui s'organisent pour vivre et/ou pour lutter – parfois lutter pour vivre. Le nœud du roman est là : jusqu'où aller, comment exister dans un monde qui ne supporte pas l'idée que des femmes vivent sans hommes ?

***Sororité*, collectif dirigé par Chloé Delaume (Éd. Points, 2021) :** « Un rapport de femme à femme, indéfectible et solidaire. » Entré dans le vocabulaire féministe avec pertes et fracas, le terme de « sororité » se retrouve désormais partout. Il est devenu une pierre angulaire du féminisme. Mais qu'est-ce vraiment que le lien sororal ? Comment les femmes le racontent-elles ? Comment le vivent-elles ? Dans un court ouvrage collectif, l'autrice Chloé Delaume a proposé à quatorze femmes (des chanteuses, des journalistes, des femmes politiques) de raconter leur vision de la sororité.
Alice Coffin invite des femmes qui avaient pris position contre elle en 2020 (Anne Hidalgo, Sonia Mabrouk) à discuter de « la solidarité féminine ». Ovidie dissèque avec fougue les paroles de la chanson *À cause des garçons* (1987) et démonte en passant le triste syndrome de la Schtroumpfette*. Quant à la formidable Lola Lafon, elle raconte le lien qui l'unit aux femmes du Collectif féministe contre le viol. Un texte d'une dizaine de pages que l'on lit en apnée. On y trouve aussi le témoignage de la blogueuse et militante afro-féministe Kiyémis, l'analyse pleine de sens de la journaliste Lauren Bastide, la démonstration impeccable de la romancière Estelle-Sarah Bulle et bien d'autres. Une œuvre chorale qui parle (presque) à l'unisson.

*Le syndrome de la Schtroumpfette se caractérise par une surreprésentation de personnages masculins dans les œuvres de fiction, alors que les personnages féminins sont, quant à eux, minoritaires. On pense par exemple aux *Avengers* (que des mecs sauf la Veuve noire) ou encore *Les Tortues Ninja* (que des mecs – les tortues, les méchants, le coach – sauf April).

Dissert' : Et vous ?

À votre tour de réfléchir à la question : qu'est-ce que la sororité signifie pour vous ? Trouvez-vous que le féminisme en fait un peu trop sur la sororité comme Renée, ou pensez-vous au contraire comme Cécile qu'elle est essentielle aux combats actuels ? Vous avez autant de temps que vous voulez, et un peu d'espace ci-dessous :

• INTERRO SURPRISE •

Sortez vos stylos : *interro surprise !*

Arrêtez tout : c'est l'heure de l'interro surprise ! Mobilisez vos comparses de plage, de rando ou de piscine, car il va falloir vous creuser les méninges… (mais ça marche aussi si vous êtes seul·e, bien sûr). Relevez ces défis en respectant, dans la mesure du possible, le timing indiqué pour certains exercices. Prêt·e ? Go !

Récitation :

Dégainez un max de citations ou de slogans féministes en 1 minute chrono !

Brainsto :

Trouvez 3 insultes non sexistes pour remplacer les suivantes :
fils de pute, conne, hystérique.
Comme celui-ci est plutôt difficile, on vous laisse 5 minutes !

Mime :

Essayez de faire deviner trois mots féministes de votre choix aux autres.
Si vous passez les vacances en solo, tentez de faire l'exo en rébus !
Pas de limite de temps.

Réponses page 91

Mots croisés

Voici un petit exercice de vocabulaire pour se remettre sur le droit chemin. Retrouvez la solution à ces mots croisés à la fin du cahier !

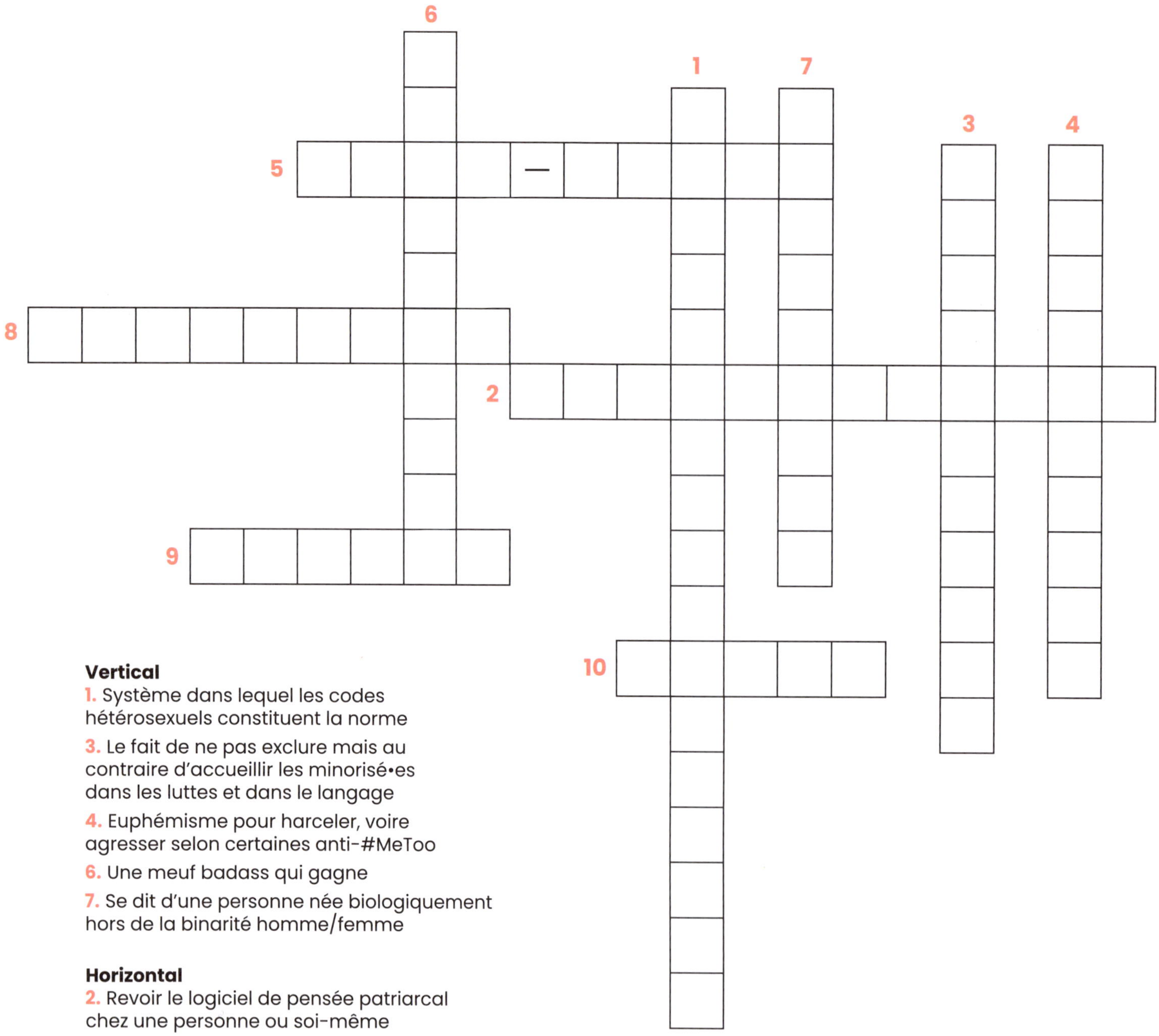

Vertical

1. Système dans lequel les codes hétérosexuels constituent la norme
3. Le fait de ne pas exclure mais au contraire d'accueillir les minorisé•es dans les luttes et dans le langage
4. Euphémisme pour harceler, voire agresser selon certaines anti-#MeToo
6. Une meuf badass qui gagne
7. Se dit d'une personne née biologiquement hors de la binarité homme/femme

Horizontal

2. Revoir le logiciel de pensée patriarcal chez une personne ou soi-même
5. Artiste travestie en beauté extravagante
8. Les féministes sont souvent accusées de ce terme, utilisé comme le pendant masculin de la misogynie
9. Afficher (des slogans féministes) sur les murs avec des balais et un mélange visqueux
10. Phénomène naturel qui désigne les périodes plus ou moins bien définies du féminisme

Réponses page 96

Ma sorcière bien-aimée

Réhabilitées (entre autres) par Mona Chollet, les sorcières sont devenues, au même titre que les sirènes, des figures féministes. Issues des traditions anciennes, des mythes comme de la pop culture, elles ont aujourd'hui trouvé leur place dans l'imaginaire collectif. Est-ce que vous connaissez vraiment vos sorcières ? Passez le test !

1

On me croise pour la première fois dans un comics en 1962, mais c'est grâce à la télévision que je deviens vraiment célèbre. Si je suis née sorcière, ce n'est qu'à mes 16 ans que je réalise que j'ai des pouvoirs magiques. J'habite avec mes tantes, sorcières et particulièrement délurées, et Salem, un chat noir… qui parle.

Je suis ____________ dans *Sabrina, l'apprentie sorcière* (1996), puis *Les Nouvelles Aventures de Sabrina* (2018).

2

Je suis née en 1981 à Sunnydale. D'abord faire-valoir de ma meilleure pote, je prends de plus en plus d'importance avec le temps. Si au départ, je maîtrise mal mes pouvoirs, je finis par devenir une très puissante sorcière… qui fait le bien, puis le mal. Je suis aujourd'hui une icône de la communauté LGBTQI+.

Je suis ____________ dans *Buffy contre les vampires* (1997).

3

J'ai vécu au VIIe siècle dans le nord-est de l'Algérie. Beaucoup se souviennent de moi comme une reine guerrière et rebelle. Mon surnom vient de l'arabe et signifie « devin » ou « sorcière ». La légende dit que je pouvais communiquer avec les oiseaux et donc prédire les batailles futures.

Je suis ____________

4

Mon histoire est racontée dans plusieurs traditions, on me retrouve dans le Talmud, dans la Bible… En fonction des contrées, je suis considérée comme la déesse du vent ou la première femme d'Adam (et oui, avant la très populaire Ève). On dit tout de moi : que je suis un monstre de la nuit, l'épouse de Satan, un serpent (celui qui va de pair avec la pomme), et même l'une des premières féministes de l'histoire !

Je suis ____________

5

Je suis née le 19 septembre 1979. Fille de dentistes, je suis envoyée dans une prestigieuse école où je deviens une célèbre madame-je-sais-tout. Il faut dire que je suis la plus douée de mes camarades de classe ! Je maîtrise sorts et malédictions, légendes du passé et du présent et je sauve la mise plus d'une fois à mes ami·es.

Je suis ____________ dans *Harry Potter* (1997).

1.Sabrina 2.Willow 3.Dihya Al-Kahina 4.Lilith 5.Hermione

L'arbre des possibles **féministes** !

On a voulu représenter visuellement l'histoire du féminisme et de ses moments charnières. Impossible d'être exhaustives, mais si on essayait de se représenter un arbre généalogique des luttes féministes, voici, en quarante dates clés, ce que l'on pourrait obtenir. Allez hop, on retourne son cahier, et on commence par les racines.

1 XIVe-XVe siècles : *"Querelle des femmes"* pour l'accès au savoir, 1404, *La Cité des femmes*, Christine de Pizan.

2 XVIe-XVIIIe siècles : Entre la Renaissance et le siècle des Lumières, des milliers de "sorcières" sont assassinées à travers toute l'Europe.

1re vague : acception française => de la Révolution à l'entre-deux guerres

3 1791 : *Déclaration des droits de la femme et de la citoyenne* rédigée par Olympe de Gouges.

4 1792 : *De la Défense des droits des femmes*, essai de Mary Wollstonecraft.

5 1848 : Première Convention pour les droits des femmes à Seneca Falls aux États-Unis.

6 1851 : *Ain't I a Woman*, discours de Sojourner Truth, ancienne esclave féministe et abolitionniste, qui ouvre la voie aux luttes intersectionnelles.

7 1866 : Création au Royaume-Uni du Women's Suffrage Committee par Barbara Bodichon et Emily Davies.

8 1882 : Hubertine Auclert utilise le mot "féministe" dans son sens actuel pour qualifier la lutte pour le droit de vote des femmes.

9 1911 : Première journée internationale pour les droits des femmes le 19 mars, célébrée dans plusieurs pays européens. La manifestation du 8 mars 1917 à Saint-Pétersbourg, au cours de laquelle les femmes réclament du pain et la paix, est considérée comme l'un des déclencheurs de la Révolution russe.

10 1929 : *Une chambre à soi* de Virginia Woolf pose un principe important : les femmes ont besoin de temps, d'argent et d'espace vital pour pouvoir créer.

11 1944 : Les Françaises obtiennent le droit de vote ! Après les pionnières néo-zélandaises (1893), les Canadiennes, les Américaines, les Allemandes, les Uruguayennes, les Roumaines…

2e vague : communément admise entre la fin de la 2e GM et la fin des années 1970

12 1949 : Simone de Beauvoir publie *Le Deuxième Sexe*.

13 1956 : Naissance en France de l'association *La Maternité heureuse*, créée par Marie-Andrée Lagroua Weill-Hallé et renommée *Planning Familial* en 1960.

14 1960 : Assassinat le 25 novembre de Las Mariposas (Les Papillons), surnom donné aux sœurs Mirabal qui s'opposent notoirement au dictateur Rafael Trujillo en République dominicaine. Un an plus tard, Trujillo tombe et le 25 novembre devient une journée de lutte contre les violences faites aux femmes.

15 1965 : Cinq ans après sa création, le Women's Liberation Movement obtient le droit à la contraception pour les Américaines mariées.

16 1967 : Deux ans après les Américaines, les Françaises ont le droit de prendre la pilule.

17 1970 : Fondation du *Mouvement de libération des femmes* (MLF).

18 1970 : L'autorité paternelle est remplacée dans la loi française par l'autorité parentale.

19 1971 : Manifeste des 343 femmes, qui ont le courage de dire "je me suis fait avorter" publié dans *Le Nouvel Observateur*.

20 1972 : Procès de Bobigny, Gisèle Halimi est l'avocate de Marie-Claire, 16 ans, qui a avorté après un viol. Elle obtient sa relaxe et des peines allégées pour sa mère et les trois femmes qui l'ont aidée.

21 1972 : Parution de *Sex, Gender and Society* de la sociologue anglaise Ann Oakley, premier ouvrage universitaire qui pose les questions des identités sexuelles et de genre.

22 1973 : Les débuts du Mouvement pour la liberté de l'avortement et pour la contraception (MLAC), qui organise des avortements clandestins et des séances d'information destinées aux femmes.

23 1974 : Politique française : Arlette Laguiller se présente pour la première fois à l'élection présidentielle pour Lutte ouvrière. Elle est la première femme candidate à ce mandat.

24 1975 : La loi Veil, qui légalise l'avortement en France, est adoptée pour cinq ans après des débats abjects à l'Assemblée nationale. Elle est pérennisée en 1979.

25 1978 : Procès des violeurs d'Araceli Castellano et Anne Tonglet. Gisèle Halimi, leur avocate, obtient la condamnation des trois hommes.

26 1979 : Adoption de la Convention sur l'élimination de toutes les formes de discrimination envers les femmes (*Women's Bill of Rights*), ratifiée par 189 pays.

27 1980 : Le viol devient un crime dans la loi française.

28 1989 : Kimberlé Crenshaw, juriste afro-américaine, théorise l'intersectionnalité.

29 1989 : Premier attentat masculiniste référencé comme tel : 14 femmes sont assassinées à l'École polytechnique de Montréal par un homme au cri de *"je hais les femmes"*.

30 1991 : Édith Cresson est la première Première ministre française. Il faut attendre 31 ans pour voir la deuxième.

31 1995 : Quatrième Conférence mondiale sur les femmes à Beijing. 189 pays adoptent la Déclaration de Pékin et le Programme d'action.

3e vague : marque la transition du XXe au XXIe siècle

32 2007 : Tarana Burke, militante noire américaine, lance la première campagne MeToo pour dénoncer les violences sexuelles en particulier à l'encontre des femmes issues des minorités.

33 2009 : L'association Osez le féminisme ! voit le jour pour soutenir le planning familial dont les financements sont menacés.

34 2013 La loi ouvrant le mariage aux couples de même sexe est adoptée en France

35 2017 : Le 21 janvier, la marche des femmes en opposition à Donald Trump rassemble plus d'un million de personnes à Washington.

36 2017 : #MeToo et #BalanceTonPorc rassemblent des millions de tweets qui partagent des expériences communes de violences sexistes et sexuelles et expriment une solidarité mondiale entre les femmes victimes de violence masculine.

4e vague ? #MeToo, tournant ou continuité ?

37 2018 : Le collectif #NousToutes voit le jour pour organiser en France la lutte contre les violences sexistes et sexuelles.

38 2020 : *"Désormais, on se lève et on se casse."* Tribune de Virginie Despentes à la suite des César dans Libération en hommage à la protestation d'Adèle Haenel, qui a quitté la cérémonie lors de l'attribution du César du meilleur réalisateur à Roman Polanski.

39 2023 : 100 000 femmes, soit plus d'un quart de la population islandaise, manifestent à Reykjavik pendant une grève de 24 heures le 24 octobre, pour protester contre les inégalités de genre.

40 2024 : le 4 mars, le Congrès vote en France pour l'inscription de la liberté des femmes de recourir à l'IVG dans la Constitution

Extravaganza ! *L'histoire du* drag

Vous êtes fasciné·es par Keiona, la dernière gagnante de *Drag Race France* ? Une bonne soirée pour vous, c'est une soirée au bingo drag ? Ou mieux, vous rêvez d'organiser une lecture drag dans votre bibliothèque municipale ? Cet article est pour vous ! Les autres, suivez-nous, on va vous raconter l'histoire du drag pour réveiller les queens et les kings qui sommeillent en vous !

Si l'on croise des hommes vêtus en femme depuis l'Antiquité, c'est en 1869 que le premier bal masqué queer a lieu à Harlem, à New York, et plus précisément au Hamilton Lodge. La popularité des *drag balls** va s'amplifier à partir des années 1920, jusqu'à leur apogée en 1980.

Dans le New York des années 1980, c'est au cœur de la communauté noire et latino que la culture drag explose. Des queens comme Paris Dupree, Crystal Labeija ou encore le danseur Willi Ninja créent leurs *Houses*, des *safe places* qui fonctionnent comme des familles de substitution pour les personnes LGBTQIA+ et où se déroulent les *balls**.

Strike a pose

C'est dans ces *balls* qu'est popularisé le voguing, une suite de mouvements qui consiste à imiter les poses qu'exécutent les mannequins lors des défilés de mode ou des shootings photo. Lors d'une performance, Paris Dupree est montée sur scène avec le magazine *Vogue* dans les mains, baptisant ainsi la danse ! Si, en 1989, Malcolm McLaren met en scène du voguing dans son clip *Deep in Vogue*, c'est Madonna, un an plus tard, qui le rend célèbre auprès du grand public avec son titre *Vogue*.

Mais au fait, ça veut dire quoi, drag ?

Plusieurs théories circulent au sujet du terme « drag » : pour certain·es, il serait l'acronyme de l'expression *Dress As a Girl* (DRAG). Pour d'autres, il viendrait de l'anglais *to drag* (« traîner » en français) et ferait référence à la longue traîne des robes. La naissance du mot remonterait même au XVIIIe siècle !
Il existe des drag-queens, mais aussi des kings. Considérée comme le premier « drag king » (à la fin du XIXe siècle, on parlait plutôt d'« imitateur masculin »), **Annie Hindle** prend l'apparence d'un homme qu'elle surnomme **Charles Ryan**.

Parmi les drag kings célèbres – peu ont été médiatisés –, on retrouve **Stormé DeLarverie**. Lesbienne butch, Stormé DeLarverie se produisait au Jewel Box Revue à l'Apollo (New York) en tant que seul king. Elle est également connue pour avoir participé aux émeutes de Stonewall en juin 1969.

D'après les historien·nes du genre, **William Dorsey Swann** serait la première personne à s'identifier comme « drag-queen ». Né de parents esclaves, William Dorsey Swann s'installe à Washington D.C. où il travaille comme concierge… et organise des fêtes que beaucoup considèrent comme les premiers *drag balls* aux États-Unis.

Drag Race ? Et à la fin, il n'en restera…

Avant *Drag Race France*, il y avait *RuPaul's Drag Race* aux États-Unis. Présentée par RuPaul (comme son nom l'indique), lui-même une institution de l'univers drag, l'émission/compétition a été diffusée pour la première fois en février 2009. Le concept est simple : plusieurs participantes s'affrontent devant des juges lors d'épreuves variées telles que le *lip sync**, le *ball*… À chaque épisode, une queen sort, jusqu'à l'épisode final où est élue la grande gagnante de la saison.

L'émission de RuPaul – et ses 15 saisons – a remporté plusieurs Emmys, dont ceux de la meilleure émission de téléréalité et du meilleur animateur.

Un peu de vocabulaire

Drag ball
Les *balls* sont des compétitions où se retrouvent les différentes *Houses*. Les participantes sont jugées sur leur tenue, leur prestation (défilé, danse…) et leur style.

***Lip sync* (en anglais, « synchronisation des lèvres »)**
Il s'agit d'une épreuve très populaire de play-back sur une chanson.

Padding
Une technique pour se créer des formes (cuisses, poitrine, fesses) de manière artificielle et – la plupart du temps – extravagante.

Tucking
Cacher ses parties génitales. Pour info, la géniale Kam Hugh propose sur YouTube un tuto parfait pour apprendre le *tucking*… sans scotch.

Drag persona
c'est l'alter ego queen – Paloma pour Hugo Bardin, Nicky Doll pour Karl Sanchez, RV Métal pour Geneviève Labelle…

Toute la **vérité** sur...

Érigés en héros de l'histoire ou en grands penseurs, ces hommes étaient aussi de sérieux misogynes, et pire encore ! Il est temps de faire la lumière sur qui ils étaient vraiment : entourez l'adjectif qui vous paraît le plus approprié pour chaque homme dont est brossé le portrait.

Napoléon Bonaparte (1769-1821)

Empereur français

Profanateur | Procrastinateur | Protecteur... des auteurs de féminicides

Ah, le grand Napoléon ! On le célèbre encore en France chaque année et le réalisateur américain Ridley Scott l'a même porté à l'écran en 2023. Parce qu'on ne peut nier sa portée historique, passe encore de le commémorer... mais de là à le fêter ! Aurait-on oublié le Code civil ? Instauré en 1804, il s'avérait particulièrement abject pour les droits des femmes. Pour résumer, celles-ci perdaient tous leurs droits une fois mariées et la femme devait « obéissance à son mari ». Et le pire pour la fin : l'article 324 du Code pénal de 1810 jugeait excusable le meurtre d'une femme commis par son mari en cas de «flagrant délit d'adultère dans la maison conjugale.

Réponse : Protecteur... des auteurs de féminicides

Aristote (384 - 322 av. J.-C.)

Philosophe grec de l'Antiquité

Poète | Pyromane | Phallocrate

Si vous vous demandez d'où vient la charmante appellation de « sexe faible », c'est donc à l'Antiquité qu'il faut remonter. Eh oui, Aristote, fidèle disciple de Platon, est le cerveau dont est sortie une théorie qui aura traversé les siècles en faisant pas mal de dégâts sur son passage. Pour vous la faire courte, le philosophe, en s'inspirant de précédents écrits de son maître à penser, considérait que le sexe féminin était par nature « inférieur » au sexe masculin en raison d'un développement embryonnaire « imparfait » et « inachevé ». Il va d'ailleurs plus loin en comparant la femme à un « simple réceptacle passif, impuissante à concevoir la vie ». Charmant, n'est-ce pas ? Et de surcroît un tantinet erroné...

Réponse : phallocrate

Voltaire (François-Marie Arouet) (1694-1778)

Écrivain français

Humaniste | Homophobe | Huguenot

On avait beau être à l'époque des Lumières, certains combats étaient loin d'être gagnés ! Et on le comprend aisément lorsque l'on sait que l'un des penseurs les plus emblématiques de ce courant a écrit dans son Dictionnaire philosophique (1764) que « l'homosexualité est une infamie ». Ce même ouvrage contient également des propos sexistes et antisémites. Vous ne lirez probablement plus jamais *Candide* ou *L'Ingénu* de la même façon…

Réponse : Homophobe

À lire : *La Face cachée de Voltaire*, par Roger-Pol Droit dans le journal *Le Point*, le 2 août 2012

Denis Diderot (1713-1784)

Écrivain et philosophe français

Rabougri | Raciste | Rabat-joie

On chante les louanges de ce philosophe des Lumières (encore un) pour ses textes éclairés invitant à nous diriger vers les chemins du savoir ou encore faisant l'apologie de la libre-pensée. On le connaît surtout pour avoir co-publié (avec d'Alembert) la monumentale *Encyclopédie*, entre 1751 et 1772. Ce que l'on sait moins, c'est que des propos racistes se trouvent dans cette œuvre. Diderot y aurait notamment écrit cette phrase : « Quoiqu'en général les N*** aient peu d'esprit, ils ne manquent pas de sentiment. »

Réponse : Raciste

Tour de France des **festivals féministes**

Loin de se cantonner à la saison estivale, le festival est devenu un terreau d'expression et de lutte puissant pour les militant·es féministes et queer. À tel point que ces événements se répandent comme une traînée de poudre aux six coins de l'Hexagone. L'offre est tellement riche qu'il nous est malheureusement impossible de tous les citer, mais voici un petit tour de France pour vous en donner un aperçu !

Gender is Over

Brive-la-Gaillarde, Corrèze

Fondé par l'association Grive la Braillarde en 2022, Gender is Over a trois objectifs majeurs : (re)penser les notions et les rapports de genre, voir les scènes se remplir de femmes et de personnes queer… et donner un bon coup de talon au patriarcat ! Vous, on ne sait pas, mais nous, on fonce !

RÉ·ELLES

Rennes, Ille-et-Vilaine

Un festival de ciné-documentaire féministe, on n'en trouve pas chaque mois en France ! L'un des plus réputés en la matière se trouve dans la capitale bretonne. On le doit à l'association Comptoir du Doc. Et il fait partie des doyens, puisqu'il a fêté sa vingtième année d'existence en 2023 !

Very Bad Mother

Concarneau, Finistère

Un festival punko-féministe sur le thème de la parentalité, ça non plus ce n'est pas banal ! Créé en 2020 par le collectif féministe Very Bad Mother, ce rendez-vous invite à réfléchir à des modèles d'entraide entre les pères et les mères. Le tout en s'agitant sur du punk et du métal !

La Sève

Dijon, Côte-d'Or

« Joyeux », « participatif », « radical », « interactionnel ». Que d'adjectifs pour décrire ce festival créé en 2021 par le collectif La Sève et entièrement dédié aux éco-féminismes. Les organisatrices annoncent d'emblée la couleur : les rencontres se font toutes en mixité choisie. Hommes cisgenres, passez votre chemin !

Les Rencontres féministes

Richelieu, Touraine

Événement porté par le collectif Georgette Sand, les Rencontres féministes ont déjà fêté avec succès deux premières éditions en 2022 et en 2023. Son credo : montrer que l'on peut aussi créer des lieux d'échanges pour les féministes en région !

We Too Festival

Paris, Île-de-France

Et si on plaçait la rentrée scolaire sous le signe de l'engagement féministe pour militer en famille ? Si l'idée vous séduit, le We Too Festival est l'événement tout indiqué. Fondé par l'association de fabrique culturelle féministe Mi-Fugue Mi-Raison, le festival affiche déjà quatre éditions à son compteur !

LadyFest

Alençon, Orne
Caen, Calvados

Un festival artistique et queer ! Ce rendez-vous normand lancé en 2021 par la compagnie Transtopies pour donner de la visibilité aux artistes trop peu exposé·es se déroule dans deux endroits : les concerts, les spectacles et les ateliers dans une chapelle désacralisée d'Alençon, les expos au musée des Beaux-Arts de Caen.

Festival Umoja

Marseille, Bouches-du-Rhône

Un festival hip-hop féministe, queer et décolonial, qui met à l'honneur les cultures afro-descendantes et transidentitaires avec des artistes des scènes alternatives. Telles sont les valeurs de cet événement créé par l'association Baham Arts, qui se déroule pendant plusieurs jours à Marseille, dans différents lieux.

Avancées féministes : devinez le pays !

Selon l'ONU, il faudrait attendre encore près de 300 ans pour atteindre l'égalité entre les femmes et les hommes dans le monde. Oui, on a bien conscience que la simple lecture de ce chiffre risque de vous brûler la rétine, même si vous portez des lunettes de soleil ! Reprenez une gorgée de votre cocktail et respirez un bon coup : même si le combat est loin d'être gagné, les choses bougent quand même un peu. La preuve par trois avec ces pays qui ont adopté des lois en faveur de l'égalité des sexes. À vous de les trouver !

1 _ _ _ _ _ _ _

Situé en Europe de l'Ouest, je suis dirigé par un gouvernement socialiste, composé de 11 femmes et de 6 hommes. En février 2023, j'ai adopté la « loi transgenre », qui met fin à des pratiques telles que les thérapies de conversion et qui permet de changer librement de genre à l'état civil, sans passer par les tribunaux. Le même mois, j'ai aussi instauré le congé menstruel dans le cadre d'un projet de loi plus large qui vise à renforcer l'accès à l'avortement dans les hôpitaux publics. Réputé pour ma gastronomie et mon sens de la fête, je suis...

2 _ _ _ _ _ _

Reconnu mondialement pour mon architecture somptueuse, mon animal emblématique est la licorne. En 2022, j'ai porté un projet de loi visant à gracier les milliers de personnes accusées de sorcellerie et injustement condamnées entre le XVIe et le XVIIIe siècle. La même année, j'ai aussi tenté de faire passer une loi pour que les personnes trans puissent changer d'identité sur leurs papiers sans passer par un diagnostic médical. Loi à laquelle j'ai malheureusement dû renoncer début 2023 après que Londres a mis son veto. En 2020, je suis devenu le premier pays du monde à rendre les protections périodiques gratuites pour lutter contre la précarité menstruelle. L'un de mes lacs abrite un monstre célèbre. Je suis...

3 _ _ _ _ _

Pays insulaire d'Asie, je ne brille pas pour mes politiques en faveur de l'égalité des genres et ma société est souvent dépeinte comme ancestralement patriciale. Pourtant, depuis 2010, je fais partie des pays qui proposent l'un des congés parentaux les plus longs au monde (d'une durée d'un an) pour les pères comme pour les mères. Je fais rêver de nombreux·euses voyageur·euses à travers le monde entier pour ma gastronomie, mes parcs naturels et mes cerisiers en fleurs. Je suis...

Réponses page 91

Quelle grande **exploratrice** êtes-vous ?

Cartier, Vasco de Gama, Magellan (Magalhães), Kerouac… On est souvent capable de citer des noms de célèbres explorateurs à la pelle. Mais comme d'hab, l'exercice se corse lorsqu'il s'agit de dégainer des noms d'exploratrices. Pourtant, elles existent aussi et ont réalisé des exploits tout aussi dingues ! Faites ce test pour découvrir celle avec qui vous avez le plus d'atomes crochus !

1 Le défi que vous seriez prêt·e à tenter…

- Escalader une montagne enneigée, armé·e de votre piolet pour briser la glace
- Arpenter un désert, escorté·e par un chien et un quatuor de chameaux
- Vous lancer dans un tour du monde en solitaire, en 72 jours chrono

2 L'objet que vous emporteriez avec vous sur une île déserte :

- Votre smartphone (pour rester connecté·e au monde qui vous entoure, même de très loin)
- Un carnet et un stylo pour tout noter (techniquement ça fait deux, mais bon, l'un ne va pas sans l'autre)
- Un appareil photo (pour capturer chaque instant et être vivant qui passe)

3 Votre période préférée pour partir en vacances

- L'été : pour la chaleur, les châteaux de sable et les glaces qui fondent
- En septembre : quand les marmots sont de retour à l'école
- En toute saison : peu importe qu'il pleuve ou qu'il vente, pourvu qu'il y ait le frisson !

4 Le titre de l'ouvrage que vous rêveriez d'écrire…

- *Sur les traces de l'écoféminisme*
- *Le Guide de la Routarde*
- *1 000 sentiers pour gravir les sommets*

5 La citation que vous pourriez faire imprimer sur un tee-shirt…

- « L'activité musculaire nettoie les regrets. Je ne pense plus, j'agis. »
- « Peu importe où une personne peut aller, l'horizon est toujours loin d'elle. »
- « Même si vous allez lentement, vous pouvez atteindre le sommet. »

6 L'adjectif qui vous sied le mieux :

- Fureteur·euse
- Casse-cou
- Roots

7 Votre moyen de transport préféré :

- Le train, parce que le trajet compte tout autant que la destination
- Le bateau, parce que vous avez le mal de l'air et le mal de terre
- Vos pieds, parce qu'on n'est jamais mieux guidé·e que par soi-même !

8 Le simple fait d'y penser vous file de l'urticaire :

- Paris-Bordeaux en avion
- Les embouteillages et la pollution
- Les perches à selfie

_____ _____ _____

Vous avez un maximum de montgolfières : vous êtes Junko Tabei (1939-2016). Première femme à avoir gravi le sommet du mont Everest.

Buller au bord de la piscine, un verre de rosé à la main en famille ou entre potes ? Pourquoi pas ! Mais on ne va pas se mentir : ce tableau est loin de coller à l'idée que vous vous faites des vacances idéales. Vous n'y pouvez rien : il vous faut de l'action et des sensations fortes. Davantage campagne que ville, vous êtes irrésistiblement attiré·e par la nature et rien ne vous grise plus que de gravir des sommets, explorer des grottes ou sonder les tréfonds de l'océan. Secrètement (ou pas), vous rêvez de relever un défi un peu fou, à l'instar de la Japonaise Junko Tabei, qui a gravi les sommets de montagne de 70 pays au cours de sa vie. Bon, personne ne vous en voudra si vous visez un objectif un peu moins ambitieux !

Pour en savoir plus : *Junko Tabei Masters the Mountains*, Rebel Girls (2020), en anglais.

Vos autres figures de référence : Anne Lister (1791-1840, autrice anglaise et première femme à avoir grimpé le sommet du Vignemale), Amelia Earhart (1897-1937, aviatrice américaine), Adrienne Boland (1895-1975, aviatrice et militante féministe française).

Vous avez un maximum de boussoles : vous êtes Anita Conti (1899-1997). Première femme océanographe française.

Les séjours express à l'autre bout de la planète ? Très peu pour vous ! Adepte du *slow-travel*, les longues heures de route ne vous font pas peur. Si votre mode de vie le permettait, vous embarqueriez sans hésiter sur un voilier pour traverser l'Atlantique. L'océan, c'est d'ailleurs un peu le paradis pour vous ! Attentif·ive au monde qui vous entoure et l'esprit avant-gardiste, vous êtes avant tout un·e amoureux·euse invétéré·e de la nature et avez conscience que voyager est un privilège. Sur place, votre engagement ne vous quitte pas : toujours volontaire pour l'opération nettoyage de plage organisée par l'asso du coin, vous préférez de loin loger chez l'habitant·e que dans un resort !

Pour en savoir plus : *Anita Conti, La Dame de la Mer*, Éditions Revue Noire, 1998.

Vos autres figures de référence : Jeanne Barret (1740-1807, exploratrice et botaniste), Mary Kingsley (1862-1900, exploratrice, ethnologue et écrivaine anglaise), Lydie Lescarmontier (glaciologue et autrice française née en 1985), Robyn Davidson (1950, voyageuse et écrivaine australienne, surnommée « Camel lady »).

Vous avez un maximum de globes : vous êtes Zora Neale Hurston (1891-1960). Anthropologue, romancière et journaliste afro-américaine.

Votre soif de curiosité est quasi insatiable ! Lorsque vous visitez une ville ou un pays, vous voulez absolument tout découvrir : sa langue, son matrimoine, sa gastronomie, l'histoire de ses habitant·es… Votre carnet ne vous quitte pas : vous notez tout, histoire d'être sûr·e de ne pas perdre une miette. Et s'il faut pour cela vous glisser dans la peau d'un·e local·e et intégrer les mœurs en un temps record, vous n'hésiterez pas une seule seconde ! Même si vous adorez voyager seul·e, vous n'avez rien contre les comparses, du moment que cela n'entrave pas votre quête spirituelle et culturelle.

Pour en savoir plus : *Zora ! : The Life of Zora Neale Hurston*, Clarion Books, 2012 (en anglais).

Vos autres figures de référence : Elizabeth Jane Cochrane, dite Nellie Bly (1864-1922, reportrice américaine du XIXe siècle, pionnière du journalisme d'investigation), Alexandra David-Néel (1868-1969, première femme occidentale à avoir réussi à pénétrer dans la cité de Lhassa en 1924). À l'époque, la ville était interdite aux Occidentaux·ales… et aux femmes en général, quelle que soit leur nationalité !).

La **roue** tourne

France, juin 2100

Un groupuscule notoirement misogyne s'est allié à un parti d'extrême droite (Les Sauveurs) pour remporter l'élection présidentielle. C'est un immense échec pour Inès Olivier (Parti des travailleuses) qui menait jusqu'ici dans les sondages. La nouvelle écriture inclusive adoptée définitivement par l'Assemblée nationale en 2042 est désormais interdite, son utilisation est passible de 15 mois d'emprisonnement. L'association des féministes pour un Nouveau Jour a été dissoute. Tous les regroupements de féministes sont interdits sur la voie publique.

Dans un discours devant le Sénat, le nouveau président s'est dit "rassuré que les Français aient eu un sursaut républicain". De nouvelles lois anti-féministes risquent d'être prochainement promulguées par le ministère qui, dès à présent, se passe des deux chambres pour tout décret. Quand les choses ont-elles dérapé ? Pour beaucoup d'intellectuel·les, tout a commencé en 2024 avec l'affaire Marin Duvergne…

Nous avons reçu une capsule provenant de l'association des féministes pour un Nouveau Jour. À l'intérieur, un extrait de texte qui a été crypté pour échapper au service de surveillance. Grâce à cette roue de César, trouvez la clef pour lire le message.

“ Wdlq-o'Khuplwdjh, 2102
Dsuhv gh qrpeuhxvhv pdqlihvwdwlrqv hw juhyhv, qrxv dyrqv shugx fhwwh edwdlooh. Ohv Vdxyhxuv vrqw dx srxyrlu, pdlv sdv srxu orqjwhpsv. Qrxv dyrqv ghfrxyhuw frpphqw hqyrbhu ghv phvvdjhv gdqv oh sdvvh, hw shxw-hwuh prglilh oh ixwxu. Yrxv hwhv qrwuh hvsrlu. Judfh d yrxv, fkhu·fkhuhv dpl·hv qrxv srxuurqv shxw-hwuh phwwuh ilq dx uhjqh plvrjbqh txl v'hvw plv hq sodfh. Wrxw d frpphqfh hq 2024, dyhf o'lqwhuglfwlrq gh o'dqflhqqh hfulwxuh lqfoxvlyh. Qh yrxv odlvvhc sdv idluh, oxwwhc srxu vrq lqvfulswlrq gdqv od frqvwlwxwlrq. Wrxw sduw gh od. Oxwwhc phv vrhxuv.

Réponses page 91

Gender gaps : jaugez les fossés !

Les inégalités entre les hommes et les femmes s'immiscent partout : dans les entreprises, à la maison… et même sous la couette ! Les anglophones appellent ça les «*gender gaps*», une expression que l'on peut traduire par « écarts de genre » dans la langue de Marguerite Duras. Découvrez comment certains de ces fossés sévissent en répondant à ces énoncés.

Qui a le plus d'argent de poche ?

Niveau : facile

Les inégalités commencent dès l'enfance : plusieurs études ont démontré que les filles reçoivent moins d'argent de poche que les garçons… Pour connaître l'ampleur de cet écart, à vous de calculer combien d'argent la petite Stéphane recevra comparé à son frère jumeau Camille.

D'après un sondage français publié en octobre 2023 par le magazine *Julie*, les filles âgées entre 10 et 15 ans toucheraient en moyenne 38 euros d'argent de poche par mois, contre 44 euros pour les garçons du même âge. **Calculez en pourcentage l'écart que cela représente pour Camille et Stéphane.**

Évaluez ensuite le manque à gagner sur un an, puis sur cinq ans.

« Gender Wage Gap LGBTQIA+ » : Qui de Sue ou de June gagne le plus ?

Niveau : moyen

Une analyse publiée en 2014 compilant une trentaine d'études menées dans plusieurs pays a révélé qu'en moyenne, les hommes homosexuels gagneraient 11 % de moins que les hommes hétérosexuels. C'est toutefois l'inverse pour les femmes : les hétérosexuelles gagneraient 9 % de moins que les lesbiennes. Ce phénomène pourrait s'expliquer par de puissants stéréotypes suggérant que les femmes lesbiennes «cochent plus de cases» relatives aux codes patriarcaux dans le monde du travail.

Sue est lesbienne. Elle travaille aux États-Unis, 40 heures par semaine, et gagne 30 dollars de l'heure. Sa collègue June, qui est hétérosexuelle, travaille le même nombre d'heures à un poste similaire, à compétences et expérience égales.

En vous référant aux statistiques indiquées dans le premier paragraphe, calculez la différence de salaire horaire entre Sue et June.

Réponses pages 91 et 92

Trouvez le salaire hebdomadaire, puis annuel de Sue. Faites le même calcul avec celui de June.

Évaluez ensuite en dollars l'écart de salaire entre les deux collègues sur dix ans. Pour rappel, une année compte 52 semaines !

« Gender Masturbation Gap »

Niveau : difficile

Chaque année depuis 2020, la marque de sextoys Womanizer évalue le fossé masturbatoire entre les hommes et les femmes. Sa dernière enquête publiée en 2023 a été réalisée auprès de plus de 14 800 participant·es dans 11 pays à travers le monde (dont la France).

Elle nous révèle qu'en moyenne les femmes interrogées ont déclaré s'être masturbées 70 fois dans l'année contre… 166 fois pour leurs homologues masculins ! **Calculez en pourcentage l'écart que cela représente.**

Si l'on part du principe qu'une personne (homme ou femme) se masturbe une fois par jour maximum, calculez le nombre de semaines dans l'année où les femmes se masturbent, puis faites la comparaison avec les hommes. N'oubliez pas qu'une année comporte 52 semaines !

Réponses pages 91 et 92

Femmes scientifiques
du monde entier, on vous voit !

On connaît Albert Einstein, Isaac Newton ou encore ce bon vieux Alan Turing, mais un peu moins Mary Anning, Zohra Ben Lakhdar Akrout et Chien-Shiung Wu. En plus d'avoir eu leurs règles tous les mois et des mecs qui les mansplainaient tous les quatre matins, ces meufs étaient des tueuses en sciences et elles ont même changé notre rapport au monde.

Reliez la créatrice à son invention ou à sa découverte (et brillez en société).

Mary Beatrice Davidson Kenner est une inventrice afro-américaine. Née aux États-Unis en 1912, elle a cumulé pas moins de cinq brevets. Des inventions toutes destinées à faciliter la vie quotidienne des femmes. Merci, Mary !

Originaire de l'archipel des Kerkennah en Tunisie, **Zohra Ben Lakhdar Akrout** est une physicienne spécialiste en spectroscopie atomique (on vous laisse chercher dans le dico). Féministe convaincue, elle est lauréate en 2005 du prix L'Oréal-Unesco pour les femmes et la science.

Mary Anning est née en Angleterre en 1799. Comme son père, elle se passionne dès l'enfance pour les fouilles archéologiques et la paléontologie (surtout pour se faire un peu de moula). Autodidacte – elle est refusée par les cercles de géologie misogynes de l'époque –, elle devient grâce à ses découvertes une figure de la paléontologie des vertébrés.

Son nom complet, c'est **Augusta Ada King**, comtesse de Lovelace (rien que ça). Ada Lovelace est née et morte à Londres au XIXe siècle. La soie, la broderie et les petits fours l'intéressaient moins que les maths et les sciences en général. Elle est connue pour avoir sublimé l'invention de Charles Babbage, la machine analytique, AKA l'ancêtre de l'ordinateur !

Beaucoup d'allitérations en b dans ce nom, n'est-ce pas ? **Sarah Tabitha Babbitt**, donc, est née aux États-Unis en 1779. Membre de la communauté shaker (une branche sectaire du protestantisme connue pour avoir inventé le design minimaliste et le rocking-chair), elle est tisserande et à l'origine de plusieurs inventions parmi lesquelles la prothèse dentaire, la tête de rouet et… ?

La physique, une science masculine ? La preuve que non avec la Chinoise **Chien-Shiung Wu** (et bien d'autres que l'on n'oublie pas !), première lauréate du prix Wolf en physique en 1978. Spécialiste de physique nucléaire, elle fut aussi la première femme titulaire d'un doctorat *honoris causa* de Princeton, et la première femme présidente de l'American Physical Society. Un sacré CV.

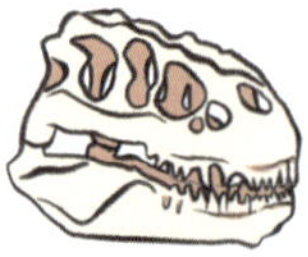

Réponses page 92

De quoi est fait·e un·e vrai·e **féministe** ?

Si vous vous demandiez à quoi ressemble un·e féministe de près, voici un portrait-robot totalement subjectif concocté par nos soins.

CERVEAU
Connaît toutes les couleurs du **drapeau LGBTQIA+** (et dans l'ordre). Maîtrise **l'écriture inclusive** et la **misandrie** comme certain·es manient le nunchaku.

MÈCHE VIOLETTE
S'est teint les cheveux pour sa prochaine manif

ŒIL DE LYNX
Lunettes de soleil indice patriarcat 4 - pour renvoyer les rayons de l'extrême misogynie

FINE OREILLE
A écouté tous les épisodes de *La Poudre et des Couilles* sur la table, en recherche de nouveaux podcasts foncièrement misandres

ÉPAULES
0 % de charge mentale après avoir sensibilisé efficacement les membres de sa famille à une répartition des tâches égalitaire à la maison

DANS LA PEAU
Parce que sa première lecture féministe ne s'oublie jamais !

CONNECTÉE
A ses pronoms inscrits dans sa bio Instagram

MUSCULATURE BÉTON
Coller tous les samedis soir et porter des quintaux de livres en semaine, ça fait les bras

BIBLIOTHÈQUE AMBULANTE
N'a plus une thune parce qu'elle a tout claqué dans la librairie féministe du quartier, mais beaucoup trop d'autrices talentueuses dans la place

MANUCURE
Griffes secrètes qu'il·elle n'hésitera pas à planter dans le bras d'un gros con de macho

FOURRURE NATURELLE
A perdu volontairement son rasoir après un énième « les poils c'est pas féminin »

POMPES DE RANDO
Parce qu'il faut être bien chaussé·e pour marcher sur le patriarcat !

Chaud **dedans** !

Éloignez les yeux sensibles, on va franchement parler cul, et en particulier de la sacro-sainte pénétration. Avant de lever les yeux au ciel à l'idée de toucher à votre pratique préférée, gardez en tête que la seule bonne sexualité, c'est celle qui vous convient. On n'est pas là pour vous dire quoi faire de vos orifices, juste pour ouvrir vos chakras !

« Maman, Papa, c'est quoi la pénétration ? »

Si l'on en croit la définition du dictionnaire, c'est un mouvement par lequel un corps pénètre dans un autre. Dans le langage courant, on utilise généralement ce terme pour désigner le moment où un pénis pénètre l'orifice d'un autre corps (vagin ou anus par exemple).

Sexuellement, il y a plusieurs manières de pénétrer :

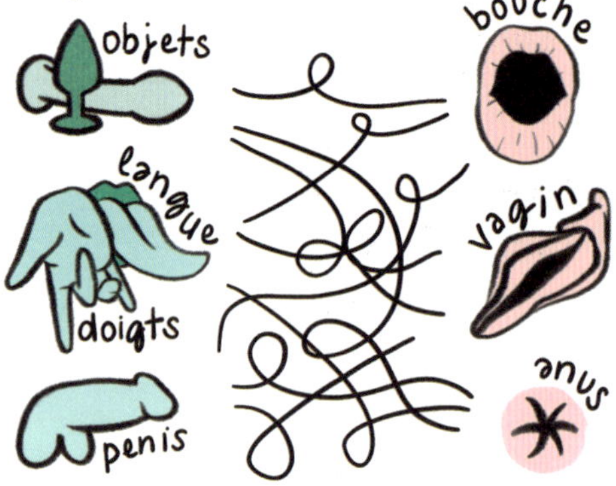

Malheureusement dans le langage courant, souvent réduites à :

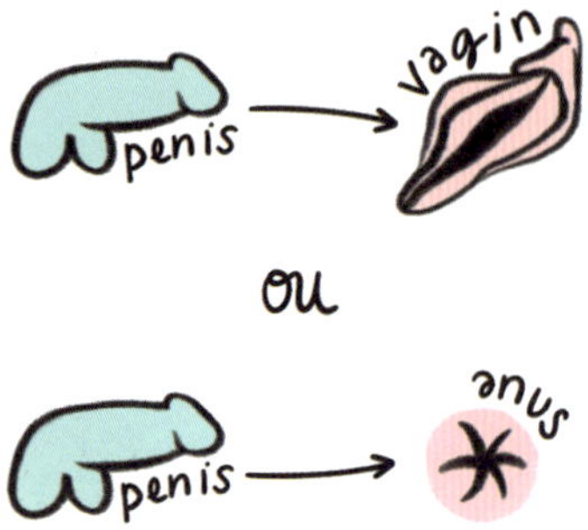

Pourtant...

Chez les femmes cis pénétrées :

Seulement **20 %** des femmes hétérosexuelles atteignent l'orgasme grâce à la pénétration[1].

1 % des femmes sont atteintes de vaginisme, ce qui représente **6 à 15 %** des consultations en sexologie[2].

Qui dit pénétration vaginale hétéro, dit **charge contraceptive**.

Chez les hommes cis pénétrants :

76 % des hommes hétéros refusent totalement d'être pénétrés[3].

22 % des femmes hétérosexuelles ont déjà inséré un doigt dans l'anus de leur partenaire (tendance en forte hausse[4])

Qui dit pénétration vaginale hétéro, dit pression sociétale autour de l'**érection**.

Être ou ne pas être pénétré·e ?

Seulement 56 % des hommes envisagent d'avoir la majorité de leurs rapports sexuels sans pénétration vaginale ou anale[3]. Le Kama-Sutra ok, mais sous pression sociale... Pourtant, on peut faire du sexe sans pénétration. On peut avoir une vie sexuelle même si on ne bande pas, si on ne mouille pas, si on vient d'accoucher, si on a subi des violences, si on n'a pas les moyens de se contracepter...
Alors pourquoi tenons-nous avec autant de ferveur à la pénétration ?

En 2022, le journaliste français (qui se définit comme un anthropo-ethno-sociologue du cul) Sainte Paluche faisait un constat glaçant dans *Je bande donc je suis* (Ed. Kiwi) : « Dans l'inconscient collectif, lorsqu'un homme a un rapport sexuel avec une femme, il introduit son sexe pour asservir et dominer. C'est un acte de pouvoir. Il défend sa position d'homme dominant. Cet acte de pénétration est politique. L'homme a été formé à prendre, alors il prend. »

[1] Selon une étude de Debby Herbenick, chercheuse américaine en sexualité humaine citée par *Le Figaro*. [2] Selon le Collège national des gynécologues et obstétriciens français . [3] Étude Ifop pour Wyylde.com de 2022. [4] Étude Ifop pour *ELLE* de 2019.

Quelques années plus tôt, l'auteur francais Martin Page écrivait dans *Au-delà de la pénétration* (Ed. Le Nouvel Attila, 2019) : « Il est courant pour les hommes de penser qu'il ont « eu » une femme quand ils ont couché avec elle. Ils l'ont soumise. [...] Ils ont pénétré, ils sont victorieux.Tant qu'on n'aura pas mis fin à tout sentiment de victoire et d'humiliation, il y aura peu de changement dans les relations entre les hommes et les femmes. » Encore trop souvent centrée autour de la jouissance masculine, la pénétration – qu'elle soit vaginale ou anale – semble reproduire un schéma inégalitaire, en résonance avec un modèle patriarcal, où l'homme viril est tout puissant.

Ce rapport de domination ne se limite d'ailleurs pas aux femmes : un homme pénétré (peu importe par qui) semble perdre toute virilité aux yeux d'une société empreinte d'homophobie. C'est ce que Martin Py et Zoé Redondo décrivent dans *L'Homme pénétré* (Ed. La Boîte à bulles, 2023), à travers un personnage macho très mal à l'aise avec la pénétration anale chez les hommes : « Pour moi un mec qui se fait prendre, bah c'est pas un vrai mec. On sait bien que les femmes sont inférieures. C'est un fait, elles ont moins de droits que les hommes. [...] Pour un homme, se faire pénétrer engendre une grande perte de virilité, et pour nous, perdre sa virilité c'est [encore] pire que d'être une femme. » Pourtant, difficile de faire plus « viril » qu'un orgasme généré par une glande (la prostate) qui n'existe que chez les mâles...

Pénétrer – ou être pénétré·e – n'est donc pas un acte anodin. Et cet acte questionne les trois auteurs : **la pénétration est-elle vraiment une affaire de plaisir ou une affaire de pouvoir ?**

Et hors hétéronormativité ?

Si l'on applique une vision strictement phallocentrée, les lesbiennes, condamnées à une sexualité sans phallus, seraient reléguées aux « préliminaires », et considérées comme des éternelles vierges. Quelle petitesse d'esprit ! Car surprise (non), hors des carcans hétéronormatifs, il y a un peu plus de liberté. Si certaines ont recours à des godemichés, la pénétration d'un objet phallique n'est pas obligatoire pour avoir un rapport sexuel. Certaines adorent, d'autres détestent, certaines sont pénétrantes, d'autres pénétrées, d'autres aiment alterner, parfois, souvent, jamais. Moins de normes, plus de plaisirs : 74,7 % des lesbiennes disent atteindre l'orgasme à chaque rapport sexuel contre 61,6 % pour les femmes hétéros[5].

Chez les hommes gays, les clichés homophobes ont encore la vie dure. Les impudeurs du style « qui fait la femme et qui fait l'homme ? » ou la dénomination *top/bottom* (en français le très problématique actif/passif) montrent encore les stigmates d'une culture de domination où la personne pénétrée est dénigrée et inférieure.
Heureusement, d'autres termes comme *verse* (pour versatile, alternant le rôle de pénétrant et pénétré) ou *side* (tout sauf la pénétration anale) font leur apparition pour contrer cette vision binaire et archaïque, somme toute héritée de l'hétérosexualité.

Moralité, la pénétration, c'est comme les antibiotiques, c'est pas automatique ! Et pour vous donner plein d'idées pour varier les plaisirs, on ne peut que vous recommander le livre *Jouissance Club* de Jüne Plã, très graphique et très pratique. Pfiou, il fait un peu chaud là, non ?

VOCABULAIRE

Testons vos connaissances : retrouvez la définition qui correspond au mot central.

Action de se réunir - Relation sexuelle entre deux individus. ○

Terme réducteur pour rassembler toutes les pratiques qui n'incluent pas de pénétration ○

Douleur à l'entrée ou au fond du vagin lors d'une pénétration ○

vaginisme

préliminaires

coït

circlusion

dyspareunie

○ Néologisme théorisé en 2016 par la philosophe et féministe allemande Bini Adamczak. Action d'entourer la verge par le vagin, la bouche ou l'anus.

○ Contraction involontaire, répétée et persistante des muscles périnéaux, rendant la pénétration douloureuse voire impossible.

Réponses page 92

[5] Selon une étude de l'Institut Kinsey publiée dans le Journal of Sexual Medicine en 2014.

Allô, docteur·e ?

Quel est le point commun entre le SOPK, le lipœdème et l'endométriose ? Les personnes ayant un utérus, oui, mais pas seulement.

Ce sont toutes les trois des maladies *a priori* hormonales, découvertes après la bombe atomique et dont on ne connaît rien ou presque rien. La raison de ce retard médical n'est sans doute pas étrangère au fait qu'elles touchent presque exclusivement des personnes dotées des chromosomes XX. Outre la méconnaissance des symptômes et des causes, le désintérêt du corps médical a causé des diagnostics tardifs, quand ils n'étaient pas complètement à côté de la plaque. Combien de personnes atteintes de lipœdème ont entendu : « Vous avez de la culotte de cheval, madame, faut faire un régime » ; combien d'autres ont souffert en silence parce que « c'est normal d'avoir mal pendant ses règles ». On a de quoi être un poil énervé·es !

Parce que le savoir, c'est le pouvoir, on a réuni quelques infos essentielles sur ces trois maladies.

L'endométriose, c'est quoi ?

Maladie gynécologique inflammatoire et chronique, l'endométriose se définit par « le développement de la muqueuse interne utérine (l'endomètre) en dehors de l'utérus ». Les conséquences ? Les personnes atteintes peuvent souffrir de douleurs pouvant être très handicapantes pendant les règles ou lors de rapports sexuels, d'infertilité, de nausées, de fatigue…

Ça veut dire quoi, SOPK ?

Le syndrome des ovaires polykystiques (SOPK) est un trouble endocrinien dont les symptômes varient en fonction des personnes touchées : résistance à l'insuline, irrégularités menstruelles, infertilité, pilosité excessive, obésité… La maladie est incurable : on ne traite que ses manifestations, la plupart du temps avec des hormones.

Lipo-quoi ?

Appelé aussi « la maladie des jambes poteaux » – avouez que c'est bien indélicat comme manière de nommer une pathologie incurable –, le lipoœdème se caractérise par une accumulation de tissu graisseux sous la peau, le plus souvent au niveau des hanches, des jambes et des bras. Contrairement aux idées reçues, il n'est pas la conséquence d'un déséquilibre alimentaire.

Voici 5 affirmations, vrai ou faux ?

Le SOPK est l'une des principales causes d'infertilité.

☐ vrai ☐ faux

L'endométriose touche 1 personne menstruée sur 10.

☐ vrai ☐ faux

Le lipœdème est une forme d'obésité non reconnue par l'OMS.

☐ vrai ☐ faux

Il ne faut pas confondre le lipœdème et le lymphœdème.

☐ vrai ☐ faux

Comme son nom l'indique, le syndrome des ovaires polykystiques se définit par le regroupement de kystes dans les ovaires.

☐ vrai ☐ faux

Réponses page 93

10 choses que vous ignorez (peut-être ?) sur la ménopause

1. On déclare (de manière médicale) une ménopause lorsqu'on n'a pas eu ses règles pendant 12 mois.

2. Avec les orques, les bélugas et les narvals, nous sommes les seul·es mammifères à être concerné·es par la ménopause.

3. 1 % des femmes sont ménopausées à 40 ans*.

4. Les bouffées de chaleur – l'un des symptômes les plus fréquents de la ménopause – peuvent survenir à tout moment, même la nuit, pendant le sommeil !

5. On parle de ménopause précoce lorsque celle-ci survient avant 40 ans. Elle concerne environ 1 femme sur 10 000 avant 20 ans, une femme sur 1 000 avant 30 ans et une femme sur 100 avant 40 ans**.

6. Dans la culture japonaise, il n'existe pas de mot pour définir « la ménopause ». On utilise le terme de *Konenki*, qui évoque le vieillissement du corps en général***.

7. En français, le terme apparaît en 1816, et c'est le médecin Charles de Gardanne qui l'utilise en premier.

8. Au Cameroun, chez les Beti, la ménopause permet d'accéder à des fonctions de pouvoir***.

9. L'étape de la ménopause peut durer entre deux et huit ans.

10. En 2000, 1 personne ménopausée sur 2 prenait un traitement hormonal. Aujourd'hui, elles sont moins de 6 %. La cause de ce désamour : un sur-risque de cancer et de pathologies cardiovasculaires****.

* Chiffres issus d'une étude américaine citée dans *Moi, je veux être une sorcière* de Marie Pavlenko (Bayard Graphic).
** Données issues du site de la Médecine de la fertilité et endocrinologie gynécologique du CHUV de Lausanne.
*** Lire *La Fabrique de la ménopause* de Cécile Charlap (CNRS Éditions).
**** Étude Elisa.

À LIRE !

Moi, je veux être une sorcière. Ménopause : le dernier tabou **par Marie Pavlenko et Joséphine Onteniente, éditions Bayard Graphic, 22 euros.**
Une BD drôle et pédagogique qui fait le point sur la ménopause en reprenant les bases. On suit le parcours de combattante (il faut bien le dire) d'une femme de 48 ans (et d'un groupe de parole) qui expérimente les joies des différents symptômes de la ménopause : dépression, fuite urinaire, sécheresse vaginale…

Le Manuel gourmand de la ménopause **par Elvira Masson et Jennifer Hart-Smith, Seuil, 29,90 euros.**
Un livre de cuisine conçu par une chroniqueuse culinaire de talent (Elvira Masson) et une naturopathe géniale (Jennifer Hart-Smith). Les recettes sont entourées de conseils et d'informations sur les bienfaits des ingrédients choisis, et suivies de témoignages tout aussi précieux.

Vieille peau **de Fiona Schmidt, Belfond, 20 euros.**
En s'attaquant aux mécaniques des discriminations liées à l'âge et au tabou de la ménopause, Fiona Schmidt dévoile une nouvelle facette des inégalités de genre qui appelle à resserrer les liens intergénérationnels, à penser son propre vieillissement et à accompagner cet inéluctable processus avec amour et *selfcare*.

Sortez vos stylos : **interro** surprise !

Arrêtez tout ce que vous faites : c'est l'heure de l'interro surprise ! Mobilisez vos comparses de plage, de rando ou de piscine, car il va falloir vous creuser les méninges (ça marche aussi si vous êtes seul·e, bien sûr).

Reliez ces cinq femmes à ce qui les a fait entrer dans l'histoire du féminisme

Elle a ouvert le champ universitaire aux questions d'identité sexuelle et de genre en 1972. ○	○ Sojourner Truth
Elle a prononcé le discours *Ain't I a Woman* en 1851. ○	○ Ann Oakley
Elle a créé l'ancêtre du planning familial en 1956. ○	○ Marie-Andrée Lagroua Weill-Hallé
Elle a lancé la première campagne « MeToo » en 2007. ○	○ Arlette Laguiller
Elle a été la première femme candidate à l'élection présidentielle en France en 1974. ○	○ Tarana Burke

Résultats page 93

Deux intruses se sont glissées dans ces affirmations. On vous laisse les trouver !

1. Circlusion et pénétration peuvent désigner la même chose, c'est une question de point de vue.
2. Ada Lovelace a inventé l'ancêtre de nos ordinateurs au XIXe siècle.
3. Chez les baleines à bosse et les dauphins communs, les femelles expérimentent la ménopause.
4. Heureusement qu'Adam a eu le droit de répudier Lilith pour se maquer avec Ève.
5. La manifestation du 8 mars 1917 aurait contribué à déclencher la Révolution russe.
6. « *On s'assoit et on la ferme* » est le titre d'une tribune cosignée par Catherine Millet et Catherine Deneuve après les César 2020.
7. Dihya Al-Kahina est une reine-sorcière algérienne du VIIe siècle.

Écriture inclusive – remplacez les mots genrés par des termes épicènes dans ce récit d'avant-match.

La coéquipière d'Alexandra était très stressée par le match à venir. Leurs concurrentes du jour étaient juste derrière au classement et l'entraîneur leur mettait une pression de dingue pour gagner la rencontre. Ce qui inquiétait le plus l'équipe, c'était que celles d'en face étaient des professionnelles des fautes spectaculaires et qu'on avait l'habitude d'appeler les pompiers à chacune de leur sortie.

Méli-mélo

Vous avez séché l'interro surprise de la page 48, ou vous avez énervé madame Stevens, la prof d'anglais ? Finalement, peu importe la raison, vous voilà désormais en heure de colle !

1. Vous avez une heure pour retrouver les mots cachés de la liste ci-dessous (à l'horizontale, à la verticale, et en diagonale). Et interdit de siroter son spritz en même temps !

V	P	O	V	W	H	P	B	E	A	C	H	B	O	D	Y	D	G
C	T	V	O	S	X	Q	Y	C	H	I	L	D	F	R	E	E	A
L	I	A	U	E	E	N	B	U	Y	U	P	D	P	P	G	U	S
J	P	R	Q	G	K	Y	O	K	Q	D	K	M	P	L	M	R	L
B	R	P	C	A	L	Q	M	N	U	E	C	G	M	I	U	F	I
C	O	M	I	N	G	O	U	T	B	G	U	T	B	M	I	V	G
R	N	B	U	N	G	I	K	O	M	I	X	T	R	Z	D	X	H
S	O	O	R	S	K	M	J	J	T	P	N	U	O	J	C	A	T
N	U	G	X	H	F	W	F	U	L	A	I	A	P	R	B	L	W
S	N	Y	Z	C	I	J	A	V	S	H	S	V	R	X	U	L	M
K	Q	W	P	H	D	A	L	V	W	H	M	H	I	Y	K	Y	J
O	M	C	Q	A	Q	A	K	U	E	P	A	B	A	Q	X	E	S
E	M	P	O	W	E	R	M	E	N	T	M	M	T	L	T	O	P
Z	S	T	T	U	B	I	N	E	Q	U	A	L	I	T	I	E	S
W	I	Z	J	P	O	E	T	N	Z	T	I	A	N	N	F	A	G
K	E	Z	H	R	P	G	E	N	D	E	R	K	G	G	G	S	N
H	O	B	I	D	E	N	T	I	T	Y	P	W	G	K	Z	V	M
I	A	L	A	I	Y	C	E	B	A	C	K	L	A	S	H	D	B

ALLY
BEACH BODY
BROPRIATING
CHILDFREE
COMING OUT
GASLIGHT
GENDER
IDENTITY
INEQUALITIES
NON BINARY
PINK WAVE
PRONOUN
QUOTAS
SHAMING
BACKLASH
EMPOWERMENT

2. Certains mots de la liste s'utilisent aussi en français, retrouvez-les pour enfin pouvoir rejoindre vos potes pour l'apéro !

Réponses page 96

Les 4 fantastiques

L'une est peintresse, l'autre poétesse. Il y a aussi l'astronaute qui bat des records et la doyenne des gymnastes… Voici quatre femmes qui, sur terre ou dans l'espace, bouleversent notre rapport au monde. On s'est amusées à disperser le contenu de leurs garde-robes. Aidez chacune d'entre elles à retrouver sa tenue !

Rupi Kaur, poétesse

Rupi Kaur est née en 1992 au nord de l'Inde, mais a grandi au Canada, où ses parents ont immigré lorsqu'elle avait 4 ans. C'est sur Instagram, où elle publie des poésies et des dessins féministes, qu'elle se fait connaître. En 2015, une photo d'elle, le pantalon taché par son sang menstruel, est censurée par la plateforme. À ce jour, Rupi Kaur a publié trois recueils de poèmes dont le très beau *Milk and honey* en 2014.

Oksana Chusovitina, gymnaste

L'Ouzbèke Oksana Chusovitina a commencé la gymnastique à 7 ans et ne s'est jamais arrêtée depuis ! Plusieurs fois championne du monde, elle remporte la médaille d'or aux JO d'été à Barcelone en 1992, puis décroche l'argent au saut de cheval aux JO d'été de 2008, à Pékin… Aux JO 2020 de Tokyo, elle est la gymnaste la plus âgée de la compétition. Son prochain challenge ? Participer à 48 ans aux Jeux olympiques d'été de Paris !

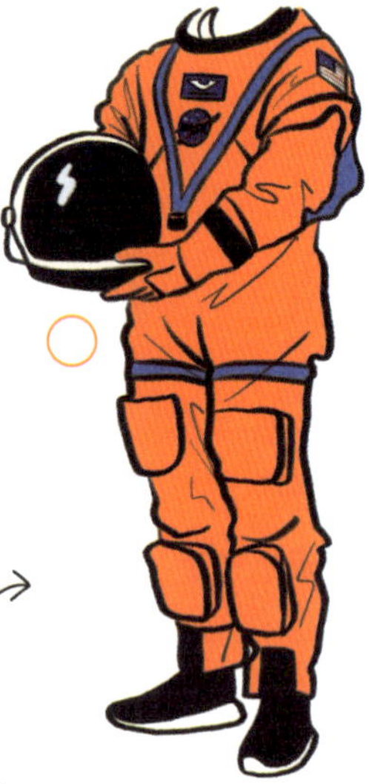

Samia Halaby, peintresse

C'est à Jérusalem en 1936 que naît Samia Halaby. En 1948, elle doit quitter la Palestine avec sa famille et finit par s'installer aux États-Unis. Artiste, militante et universitaire, Samia Halaby est connue pour son expertise de l'art palestinien, et son œuvre riche en formes géométriques et en couleurs flamboyantes. Elle est considérée comme l'une des figures majeures de l'art abstrait au XXIe siècle.

Christina Koch, ingénieure électricienne

Christina Koch est née en janvier 1979 aux États-Unis. D'abord ingénieure électricienne, elle est choisie en 2013 par la NASA pour devenir astronaute. Elle collectionne alors les records : elle devient en 2020 la femme qui a réalisé le plus long vol spatial de l'histoire. Fin 2024, elle deviendra, lors de la mission *Artémis II*, la première femme à voyager au-delà de l'orbite terrestre basse.

Réponses page 93

Do you speak **woke** ?

Vous en connaissez probablement un paquet (ou pas), mais on parie que certains mots anglophones utilisés dans la sphère militante féministe et LGBTQIA+ vous échappent encore… Si vous avez déjà entendu ces mots, mais que vous ne savez pas exactement ce qu'ils veulent dire, voici l'occasion d'enrichir votre lexique.

AroAce

Contraction des termes « aromantique » et « asexuel·elle », ce néologisme englobe deux notions à la fois. Également utilisé dans la langue française, il désigne les individus qui ne ressentent pas (ou rarement) d'attirance sexuelle et romantique pour les autres.

Gaslighting

« Mais si, chérie, je t'assure que tu as dit ou fait ça. » « C'est pas grave, tu perds juste un peu la mémoire. La prochaine fois, on fera ce que je dis, moi. » Ces phrases infantilisantes et réductrices au possible correspondent à ce que les anglophones appellent le *gaslighting*. Une référence au titre de la pièce de théâtre *Gas Light* (écrite en 1938 et adaptée au cinéma en 1944), dans laquelle un homme essaie de conduire son épouse à la folie. Dans le jargon féministe, le *gaslighting* fait référence à un abus mental (le plus souvent exercé par un homme sur une femme) pour lui faire croire qu'elle est atteinte de folie et mieux la dominer.

Body neutral

Vivre avec son corps et l'accepter, sans forcément le sacraliser ou le revendiquer fièrement. C'est le principe du *« body neutral »*, terme que l'on préfère désormais à celui de *« body positive »*, pour éviter de tomber dans l'écueil des injonctions selon lesquelles il faut aimer son corps et ses formes à tout prix.

Steminism

Un mot-valise issu des contractions de l'acronyme STEM (sciences, technologie, ingénierie et mathématiques) et « féministe ». Être *stéministe* signifie s'engager pour l'égalité des genres dans les sciences et les technologies, domaine dans lequel les hommes occupent encore trop de place comparé aux femmes.

Two-Spirit (ou, en français, « bi-spiritualité »)

La naissance de ce terme remonte à 1990, lors du rassemblement des autochtones LGBT d'Amérique du Nord, qui s'est tenu à Winnipeg. Être *two-spirit* revient à s'identifier en dehors de la norme sociétale centrée autour de l'hétérosexualité et de la binarité des genres. Mais c'est surtout une manière pour les communautés autochtones du Canada LGBTQIA+ de se réapproprier leur histoire et leur culture, en se défaisant des traditions instaurées par la colonisation. La plupart des Premières Nations canadiennes avaient par exemple entre trois et six genres au sein de leurs sociétés. Soit bien plus que dans les cultures occidentales actuelles !

Ces chansons vont briser votre cœur de féministe !

Ces chansons, vous les avez probablement fredonnées, voire chantées à gorge déployée un nombre incalculable de fois. Et pour cause : elles ont été composées par des groupes mythiques. Mais avez-vous déjà fait attention aux paroles ? Bon, on ne va pas vous mentir : si vous vous aventurez plus loin dans la lecture de cette page, vous allez vite déchanter. Il se peut même que vous bondissiez de votre serviette… On vous aura prévenu·es !

C'est le moment de réviser votre anglais : traduisez les extraits de chanson qui suivent et surlignez les (nombreux) passages problématiques.

Every Breath You Take, The Police (*Synchronicity*, 1983)

Every breath you take
And every move you make
Every bond you break
Every step you take
I'll be watching you

Oh, can't you see
You belong to me?

Under My Thumb, The Rolling Stones (*Aftermath*, 1966)

Under my thumb
She's the sweetest, hm, pet in the world
It's down to me
The way she talks when she's spoken to
Down to me, the change has come
She's under my thumb

Run For Your Life, The Beatles (*Rubber Soul*, 1965)

Well I'd rather see you dead, little girl
Than to be with another man
You better keep your head, little girl
Or I won't know where I am

You better run for your life if you can, little girl
Hide your head in the sand, little girl
Catch you with another man
That's the end, little girl

Réponses page 93

VO : décrypter Woolf dans la langue de Shelley

Read this extract from Woolf's Mrs Dalloway. Are the sentences below true or false ? Mark the boxes and check if you got them right on page 94.

« Suddenly Elizabeth stepped forward and most competently boarded the omnibus, in front of everybody. She took a seat on top. The impetuous creature - a pirate - started forward, sprang away; she had to hold the rail to steady herself, for a pirate it was, reckless, unscrupulous, bearing down ruthlessly, circumventing dangerously, boldly snatching a passenger, or ignoring a passenger, squeezing ill-like and arrogant in between, and then rushing insolently all sails spread up Whitehall. And did Elizabeth give one thought to poor Miss Kilman who loved her without jealousy, to whom she had been a fawn in the open, a moon in a glade ? She was delighted to be free. The fresh air was so delicious. It had been so stuffy in the Army and Navy Stores. And now it was like riding, to be rushing up Whitehall; and to each movement of the omnibus the beautiful body in the fawn-coloured coat responded freely like a rider, like the figure-head of a ship, for the breeze slightly disarrayed her; the heat gave her cheeks the pallor of white painted wood; and her fine eyes, having no eyes to meet, gazed ahead, blank, bright, with the staring, incredible innocence of sculpture. [...]

She liked people who were ill. And every profession is open to the women of your generation, said Miss Kilman. So she might be a doctor. She might be a farmer. Animals are often ill. She might own a thousand acres and have people under her. She would go and see them in their cottages. This was Somerset House. »

Mrs Dalloway, Virginia Woolf, 1925

In London as in Paris or Brussels nowadays, bus drivers care so much about their passengers that they drive as smoothly as possible so they cannot even realize you are moving...

☐ true ☐ false

Riding the bus gives Elizabeth a rush of adrenaline.
Alone with no one looking at her, she feels strong and free...

☐ true ☐ false

Elizabeth would not mind caring for humans or animals as a profession, as long as they are ill...

☐ true ☐ false

The protagonist is very surprised with what she sees in the working-class areas of London...

☐ true ☐ false

According to Miss Kilman, Elizabeth lives in a world of fantasy if she thinks she will ever be capable of choosing her profession...

☐ true ☐ false

Réponses page 94

N'oubliez pas les **paroles** !

Certaines paroles ont disparu de ces chansons féministes, militantes ou queer. Échauffez-vous la voix en complétant les phrases à l'aide de la liste de mots et laissez-vous emporter par leur mélodie.

Canción sin miedo de Vivir Quintana

Canción sin miedo (La Chanson sans peur) a été écrite en 2020 par la compositrice d'origine mexicaine Vivir Quintana. Cri de révolte contre les féminicides et les violences faites aux femmes, *Canción sin miedo* est désormais un hymne chanté en manifestation, partout dans le monde.

Que tiemble el Estado, los cielos, las calles
Que tiemblen los jueces y los judiciales
Hoy a ____________ quitan la calma
Nos sembraron ____________, nos crecieron alas
A cada minuto, de cada ____________
Nos roban amigas, nos matan ____________
Destrozan sus ____________, los desaparecen
No olvide sus nombres, por favor, señor presidente

miedo (peur) • ***hermanas*** (sœurs) • ***cuerpos*** (corps) • ***semana*** (semaine) • ***las mujeres*** (les femmes)

Beautiful Little Fools de Jorja Smith

Jorja Smith est née en 1997 au Royaume-Uni. *Beautiful Little Fools* est sortie en 2019 à l'occasion de la journée des droits des femmes. Une chanson qu'elle aurait écrite à ses 16 ans après avoir lu *Gatsby le magnifique* de F. Scott Fitzgerald, et à travers laquelle elle enjoint les femmes à se célébrer elles-mêmes.

Beautiful little fools
That's what us girls are destined for
Beautiful little fools
Born to be ____________
Where is the feminine race?
Where are these so-called ____________ women?
Who pick up their ____________
And let the world in
Where are these ____________?

independent (indépendantes) • ***girls*** (filles) • ***adored*** (adorées) • ***flaws*** (failles)

Brividi de Mahmood et Blanco

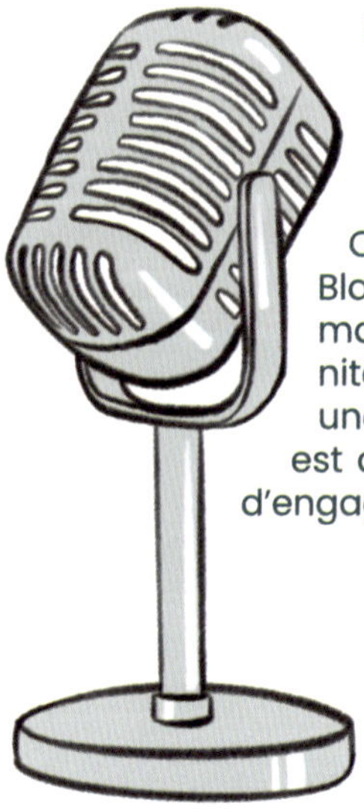

La chanson n'est pas intentionnellement féministe, mais elle a été présentée dans le concours le plus flamboyant d'Europe : l'Eurovision ! Chanteurs italiens, Mahmood et Blanco réécrivent, chacun à leur manière, les codes de la masculinité. En 2022, ils présentent *Brividi*, une balade queer dans laquelle il est question de relation toxique et d'engagement.

Dimmi che non ho ragione
vivo dentro una ____________
provo a restarti vicino
ma scusa se poi mando tutto a puttane
Non so dirti ciò che provo, è un mio limite
per un ____________ ho mischiato droghe e ____________
Questo veleno che ci sputiamo ogni giorno
io non lo voglio più addosso

lacrime (larmes) • ***prigione*** (prison) • ***ti amo*** (je t'aime) • ***veleno*** (poison)

Réponses page 95

Bricobutch

Bricobutch, c'est plus de 3500 *followers* sur Instagram, 24 déménagements, 68 interventions électriques… C'est aussi Léa, féministe, lesbienne, électricienne et ouvrière en bâtiment en IDF. À 27 ans, elle a quitté le métier d'éditrice pour devenir artisane indépendante et lancer un service de travaux électriques et de bricolage pour les femmes et les camarades LGBTQIA+.

Pourquoi le nom "Bricobutch" ?

C'est un mot qui représente très bien ma démarche : faire du bricolage, en tant que butch ! Une butch, c'est une meuf lesbienne masculine. Historiquement, dans la culture lesbienne des années 1960, les couples étaient formés d'une fem (meuf lesbienne plutôt «féminine»), souvent prof, coiffeuse, prostituée, des métiers dits féminins, et d'une butch (meuf lesbienne plutôt «masculine») qui bossait à l'usine, une travailleuse de la classe ouvrière. Comme je viens d'une famille prolétaire (mes grands-parents étaient ouvriers, cheminots, syndicalistes), ce terme me permet de renouer avec une culture et une représentation, et de mettre des mots sur certains sentiments d'inadéquation.

C'est cette inadéquation qui t'a poussée à te reconvertir ?

Oui, j'ai fait des études pour être éditrice et ça se passait très mal. J'ai rédigé mon mémoire sur «comment faire de l'édition anti-capitaliste et féministe», qui - évidemment - a été détesté ! Mon diplôme en poche, j'étais paumée, je ne savais pas quoi faire de ma vie. Je me suis assise avec moi-même, et je me suis dit : «Ok, si l'argent n'était pas un problème, qu'est-ce que tu ferais de ton quotidien ? Je bricolerais tous les jours, j'aiderais les gens à déménager, à bricoler chez eux.» Du coup, je me suis inscrite dans le premier CFA que j'ai trouvé quand j'ai tapé «formation électricité» ! Et j'ai enchaîné direct avec mon apprentissage dans une grosse boîte sur les chantiers, pour faire un CAP électricienne.

Pourquoi électricienne en particulier, plutôt que plombière ou menuisière par exemple ?

Pour être honnête… Je connais pas mal de menuisiers qui ont perdu des doigts, et pour des questions lesbiennes, je ne voulais surtout pas que ça m'arrive ! (rires)
Plus sérieusement, ça me tenait à cœur de pouvoir mettre en place des solutions électriques pour améliorer le quotidien de personnes, des non-valides par exemple. Lancer des programmes qui font tourner sa maison sans avoir besoin de se lever, je trouvais ça utile.

Pourquoi réserver tes services aux femmes / LGBTQIA+ ?

Sur le marché de l'artisanat, les hommes hétéros ont le choix de travailler avec qui ils veulent, ça se passera bien parce qu'ils seront sur un rapport d'égalité entre mecs. Peut-être qu'il y aura une différence de classe entre un client CSP+ et un ouvrier, ou une différence de connaissances entre un artisan qui a une maîtrise technique que le client n'a pas, mais les hommes hétéros ont le loisir de prendre n'importe quel artisan sans que ça pose de problème de sécurité.
Les femmes ont rarement le luxe de pouvoir employer quelqu'un qui va les faire se sentir *safe*, quelqu'un qui ne va ni les harceler, ni les intimider, ni les infantiliser, ou qui ne va pas constituer une menace par sa simple présence chez elles. C'est pareil pour les mecs gays, ça peut être une énorme source de stress d'appeler un mec hétéro, qui pourrait être homophobe, jugeant, parfois même intimidant ou violent. Et pour les personnes trans, c'est encore plus sensible… Il faut garder en tête qu'un·e artisan·e intervient dans la maison, le foyer, dans l'intimité. On n'est pas obligé·e d'accepter qu'un inconnu potentiellement mal intentionné puisse entrer chez soi juste parce qu'il a une compétence que l'on n'a pas !

> **Les femmes ont rarement le luxe de pouvoir employer quelqu'un qui ne va pas constituer une menace par sa simple présence chez elles.**

Tu t'es sentie discriminée pendant ta formation ?

Oui, forcément. Dans mon CFA, il y avait très peu de meufs, et dans ma classe, j'étais la seule. Les filières manuelles, ce sont des formations que l'on propose aux garçons très jeunes (en particulier s'ils sont racisés). Ça s'est bien passé avec la majorité d'entre eux, mais certains n'arrivaient pas à dépasser leur lesbophobie. C'était indécent pour eux de m'adresser la parole sans se moquer ou m'humilier. Côté pro, c'était encore plus dur. Dès le premier jour, on m'a traitée de pédé, et ça a escaladé jusqu'à l'intimidation violente. Ça ne se passait pas mal avec tous mes collègues, en particulier avec ceux qui étaient syndiqués et ouvertement d'extrême gauche, mais ça a vraiment été une expérience difficile. Après cette formation, j'ai été bénévole aux EnChantières*. C'est là que j'ai rencontré d'autres artisanes, dont une électricienne qui m'a conseillé de me mettre à mon compte. Elle m'a dit que le butch à oreille marchait très bien, et que l'info allait vite tourner dans les cercles féministes et lesbiens. Elle avait raison : après seulement un an d'activité, ce n'est pas la demande qui manque !

Est-ce que tu te sens parfois limitée du fait d'être une meuf dans son métier ?

Non. Il n'y a rien qu'un homme puisse faire que je ne puisse pas faire, même sur des questions de force ou de capacités physiques. Au contraire, je vois vraiment le bricolage comme un outil d'émancipation, comme l'autodéfense ou d'autres outils mis en place dans les luttes féministes. C'est important de pouvoir se sentir en confiance, toute seule, sans mec, sans être dépendante de quelqu'un d'autre.

***C'EST QUOI LES ENCHANTIÈRES ?**

Créée à Montreuil en 2014, l'association Les EnChantières lutte pour un chemin vers l'autonomie des femmes dans les savoirs du bâtiment. Leur credo ? Apprendre pour transmettre. L'association propose ainsi de développer l'échange, la solidarité et l'entraide, et de faciliter la formation dans les domaines de l'artisanat et les métiers du bâtiment. Le tout dans un environnement non mixte et *safe*.

Les essentiels de la trousse à outils

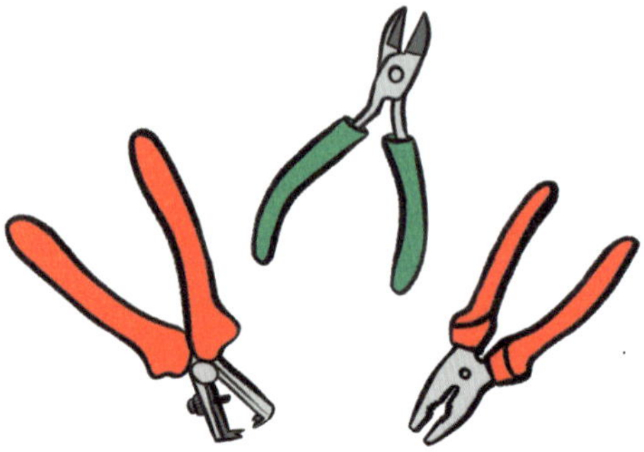

Pinces
Plate : pour serrer, maintenir, visser
Coupante : à utiliser hors tension
À dénuder : pour effeuiller les fils

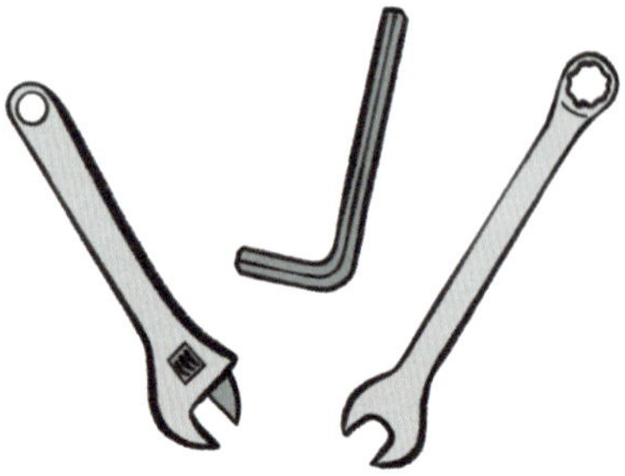

Clés
À molette, Allen, plate : pour serrer n'importe quel boulon

Visseuse
Pour visser sans s'épuiser les biceps

Perceuse
Pour faire des p'tits trous, toujours des p'tits trous

Cutter
Attention aux doigts !

Crayon
Pour dessiner ou marquer là où il faut percer

Marteau
Pour cogner uniquement le jour

Niveau à bulle
Pour enfin fixer droit vos étagères

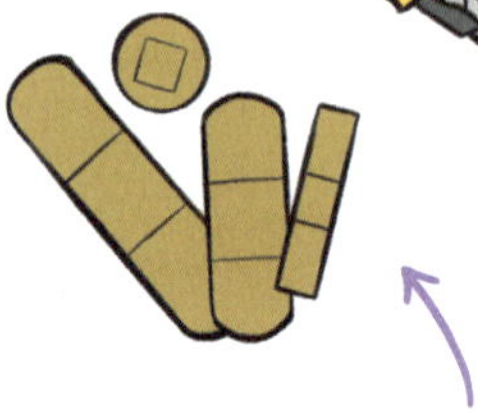

Pansements
Pour éviter l'hémorragie en plein bricolage

Mètre
Parce que le pifomètre, ça va deux minutes

Multimètre
Pour savoir s'il y a du jus

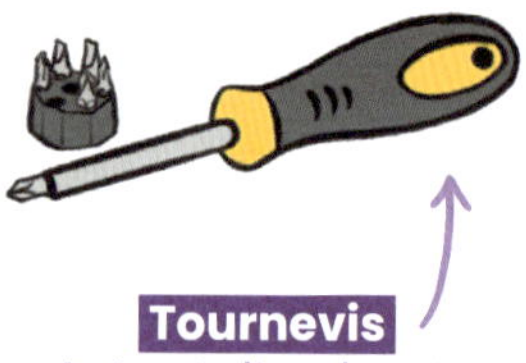

Tournevis
Autant d'embouts que de fun

Brico **électro**

by Bricobutch

Le compteur Linky

Traque la consommation d'électricité et gère les heures pleines et creuses pour réveiller vos voisin·es la nuit avec votre programme d'essorage.

Le disjoncteur abonné

Il coupe toute l'installation électrique d'un coup.

Le tableau électrique

En **fusibles** ou **disjoncteurs**, c'est par là que le courant se répartit dans toutes les pièces de la maison. Les fils passent soit dans les murs (dans des gaines, à ne pas confondre avec les culottes gainantes, pas la même fonction), soit dans des moulures fixées sur le mur (pas des moulures rococo du XVIIIe, on parle de socles en plastique).

Interrupteur différentiel

Contrairement au féminisme différentialiste, l'interrupteur différentiel est très utile. Raccordé en amont de vos circuits, il détecte les variations de courant dans vos appareils électroménagers, pour que vous soyez protégé·e en cas de défaut. S'il se coupe, c'est qu'il a senti un problème, un court-circuit, une fuite de courant, un fil aussi mal isolé qu'un studio étudiant. Il est obligatoire pour qu'un logement soit considéré comme décent.

ou

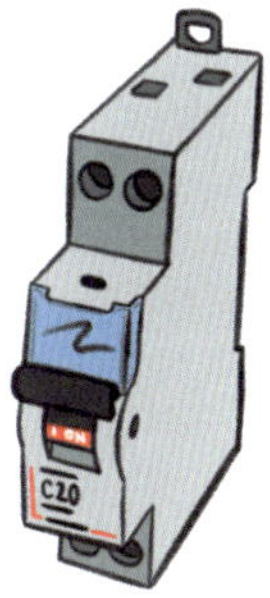

Fusible

En cas de surcharge d'intensité sur des installations anciennes, le fusible agit comme les poubelles pendant la réforme des retraites : il crame. Pour rétablir le courant, il faut baisser le levier pour accéder à la cartouche, remplacer le fusible cramé par un fusible neuf du même calibre, et enclencher le tiroir pour retrouver l'électricité.

Disjoncteur

Le levier tombe en cas de surcharge d'intensité, comme la guillotine. Si le disjoncteur tombe à répétition, il y a trop d'appareils branchés en même temps sur le même circuit. Débranchez quelques appareils et remontez le levier pour remettre le courant.

Raccorder un luminaire

Tous les luminaires sont pareils : un fil bleu est le **neutre**, un fil bicolore vert-jaune est la **terre** et un fil **rouge** (ou noir, marron, violet, orange...) est la **phase**. En ayant coupé le disjoncteur, vous pouvez toucher tous les fils à main nue. Associez les mêmes couleurs ensemble : bravo, vous voilà prêt·es à changer les luminaires de tous·tes les féministes de votre région !

Pourquoi sont-elles si méchantes ?

Sorcières puissantes, tueuses psychopathes ou stratèges redoutables… Il n'y a pas que les mecs qui font de bons antagonistes. Voici six méchantes qui mêlent cruauté, intelligence et humour noir comme personne !

Héra

On aime dire d'Héra qu'elle est jalouse, méchante, perfide. Il faut dire que la déesse du mariage, de la vie ainsi que de la famille (c'est quand même assez ironique quand on connaît son histoire) s'est fait remarquer en envoyant Sidé aux Enfers ou en jetant une malédiction sur Écho. Mais comme souvent dans la mythologie grecque, le responsable du courroux d'Héra n'est pas son mauvais caractère… c'est son mari Zeus. Infidèle, violeur, incestueux : le dieu suprême est un gros con.

Son fait d'armes : elle retire la vue à Tirésias pour avoir dit devant Zeus que les femmes avaient neuf fois plus de plaisir que les hommes (alors que tout le monde sait que c'est vrai).
On la croise : dans la mythologie grecque.

Villanelle

Impitoyable tueuse à gages à la solde d'une mystérieuse organisation nommée les Douze, la Russe Villanelle (Oksana Astankova de son vrai nom) sillonne le monde entier afin d'exécuter sa cible du jour. Des assassinats qu'elle réalise de sang-froid en tenue d'infirmière, déguisée en cochonne bavaroise ou encore en clown… Meurtrière redoutable, à l'efficacité inégalée, Villanelle est aussi très drôle. Et puis ce n'est pas tous les jours qu'on tombe sur une tueuse en série lesbienne.

Sa meilleure réplique : « Vous ne devriez jamais dire à un psychopathe que c'est un psychopathe. Ça le met en colère. »
On la croise : dans le roman *Codename Villanelle* de Luke Jennings et dans la série *Killing Eve*, où elle est interprétée par Jodie Comer.

Miranda Priestly

Une chevelure blanche étincelante, un carré Hermès noué au cou et un sens inné de la mode, Miranda Priestly est l'archétype de la boss toxique. Rédactrice en chef d'une puissante revue, elle harcèle et maltraite ses employé·es, terrorise les stagiaires, souffle un vent glacial dès qu'elle pose un talon aiguille quelque part. Perçue comme tyrannique, elle est dépeinte comme une femme profondément carriériste et cruelle. Et si Miranda Priestly n'était pas seulement la femme-dragon décrite ? Et si c'était notre lecture sexiste qui nous empêchait de voir la complexité de ce personnage : une femme ambitieuse, à la tête d'une entreprise, qui sait ce qu'elle veut et connaît sa valeur mais se heurte à la solitude qui entoure les femmes de pouvoir (dans la tête des hommes à l'ego fragile) ?

Sa meilleure réplique : « *Go bore someone else with your questions* » (en français : allez ennuyer quelqu'un d'autre avec vos questions).
On la croise : uniquement en *front row* et dans le roman *Le Diable s'habille en Prada* de Lauren Weisberger. Dans l'adaptation cinématographique, Miranda est jouée par la divine Meryl Streep.

Karaba

Ensorceleuse, mangeuse d'hommes, Karaba la sorcière sème la terreur autour de son domaine et auprès de tout homme qui s'en approche. Elle règne sur une armée de fétiches (en réalité, les hommes du village qu'elle a asservis) qui mènent pour elle des expéditions punitives contre les femmes qui refusent de se plier à ses exigences. Les secrets de sa méchanceté ne sont autres qu'un syndrome de stress post-traumatique, une douleur chronique et une soif inextinguible de vengeance matérialisées par une épine plantée au milieu de son dos par des hommes qui l'ont torturée (vi*lée) en réunion par le passé.
Sa meilleure réplique (malheureusement contredite par le happy end classique) : « Je ne veux épouser personne. Sorcière ou non, je ne serai la servante de personne ! »
On la croise : dans le film d'animation *Kirikou et la Sorcière* de Michel Ocelot, sorti en 1998.

Poison Ivy

Super-vilaine de l'univers DC Comics, Poison Ivy est dans toutes ses variantes une ennemie de Batman qui rêve de détruire Gotham en utilisant ses pouvoirs d'empoisonneuse, obtenus à force d'expérimentations douteuses avec un professeur peu scrupuleux. Biologiste brillante opposée à l'ogre capitaliste, pollueur et profiteur de guerre Wayne Enterprise, Poison Ivy incarne l'écoterroriste idéale : radicale, violente, et tout à fait prête à anéantir l'humanité pour sauver la planète et faire advenir l'âge des plantes. Elle sait même faire des compromis sur ses inimitiés pour arriver à ses fins.
Sa meilleure réplique : « Tant de gens à tuer… si peu de temps. »
On la croise : dans les comics DC à partir des années 1960, dans *Batman* à partir de 1992, et dans l'affreux *Batman et Robin* avec George Clooney, où elle est incarnée par Uma Thurman.

La marquise de Merteuil

Veuve respectée du gotha parisien prérévolutionnaire, la marquise de Merteuil est dans le privé une prêtresse du libertinage. Associée à son amant le vicomte de Valmont, elle s'emploie à détruire, étape par étape, la vertu de la présidente de Tourvel.
Mettant son intelligence au service de ses jeux pervers et de sa cruauté, elle jouit de sa capacité à manipuler ses contemporain·es avec en ligne de mire l'espoir de prouver la supériorité de la volonté sur l'amour, qu'elle juge avilissant pour les femmes et l'instrument principal de leur faiblesse dans la société.
Sa meilleure réplique : « Née pour venger mon sexe et maîtriser le vôtre. »
On la croise : dans *Les Liaisons dangereuses* de Choderlos de Laclos et ses adaptations au cinéma. Glenn Close l'incarne à merveille dans la version de Stephen Frears en 1988.

Quelle célèbre **méchante** êtes-vous ?

***Unleash the Kraken*. L'époque où le cinéma et la littérature nous faisaient croire que les méchantes n'étaient pas cool est révolue ! Ursula est désormais aussi bankable qu'Elsa. Grâce à ce test, réveillez la vengeresse qui sommeille dans votre subconscient, sublimez votre part d'obscurité et découvrez quelle tacticienne hors pair se cache en vous !**

Vous vous levez ce matin d'une humeur massacrante.

Vous êtes en SPM, ça pouvait pas mieux tomber.

Vous vous êtes encore fait avoir par votre partenaire qui a trahi votre confiance pour la cinquantième fois.

Vos collègues ont laissé crever vos plantes en votre absence malgré tous vos conseils et post-its collés sur chaque pot.

Vous avez crevé votre pneu arrière pour la troisième fois ce mois-ci.

Votre assistant a fait une putain de tâche sur votre robe Jacquemus.

Vous êtes Héra. Un peu de taf avant de devenir féministe.

Vous vous vengez sur l'innocent objet du désir de cette enflure, parce que pourquoi pas ?

Vous êtes Merteuil. On vous envie le caractère jouissif des vengeances.

Vous tirez un poison mortel de toutes ces feuilles mortes et en faites une tisane « Nuit tranquille ». Faites de beaux rêves !

Vous êtes Poison Ivy. Le ou la premier·ère qui vous appelle Dame Nature s'en prend une.

Vous remplacez ladite enflure, mais vous vous assurez qu'iel meurt de jalousie avant. Vous aimez le travail bien fait.

Pas d'eau pour les plantes ? Plus d'eau pour personne ! Bienvenue dans le désert et bonne chance pour creuser un puit !

Vous êtes Karaba. Une goutte d'eau fait déborder le vase.

Vous êtes Miranda Priestly. Pour vous, personne n'est irremplaçable et encore moins la vermine...

Vous terminez le boulot en lui éclatant la cervelle et en essuyant le carnage avec la robe en question. Vous n'avez pas peur de vous salir les mains.

Vous le ou la virez devant tout le monde et emmenez son ou sa remplaçant·e en *front row*, cheh

Vous êtes Villanelle. Rien n'est sacré pour vous, sauf la mode.

Colorier *comme...*

Huguette Caland

Utilisez la palette de couleurs pour vous inspirer, et lancez-vous dans de grands aplats pour le fond !

Plasticienne libanaise, **Huguette Caland** est née en janvier 1931 à Beyrouth. Fille du premier président du Liban post-colonial, Huguette commence des études d'art plutôt tard, alors qu'elle a déjà 30 ans (on n'a pas dit que c'était vieux).

Une œuvre emblématique ?

"Bribes de corps", des paysages érotiques, semi-abstraits, qui suggèrent (c'est dans le titre) le corps humain.

Colorier comme...

Carrie Moyer

Inspirez-vous de la palette de couleur ci-contre, et pour le fond : des tâches, des éclaboussures, lâchez-vous !

Des coulées de couleurs pures, des formes géométriques et des voiles d'acrylique... Ses œuvres abstraites font référence au Color Field, au Pop Art et à l'art féministe des années 1970. Elle est née en 1960, voici l'Américaine **Carrie Moyer** !

Une œuvre emblématique ? En 1991, Carrie Moyer et la photographe Sue Schaffner ont imaginé la "Dyke Action Machine", un projet qui insère des images lesbiennes dans des publicités grand public.

Sortez vos stylos : interro surprise !

Arrêtez tout : c'est l'heure de l'interro surprise ! Mobilisez vos comparses de plage, de rando ou de piscine, car il va falloir vous creuser les méninges (mais ça marche aussi si vous êtes seul·e, bien sûr). Relevez ces défis en respectant (dans la mesure du possible) le timing indiqué pour chaque exercice. Prêt·e ? Go !

Mnémonique :

Citez dix personnages féministes en 1 minute chrono !

____

____

____

____

____

____

____

____

____

____

Simone de Beauvoir, Simone Veil, Angela Davis, Joséphine Baker, Virginia Woolf, Christine de Pizan, Gisèle Halimi, Olympe de Gouges, Malala Yousafzai, Emmeline Pankhurst…

Femistionary :

Dessinez 3 symboles féministes en 5 minutes (sur une feuille de papier ou dans le sable si vous êtes à la plage).

Bonus si vous êtes accompagné·e : vous avez 1 minute pour les faire deviner à vos potes !

Poing levé, cintre, triangle avec les mains (pour représenter la vulve)

Qui suis-je ?

Si vous êtes en groupe : écrivez le nom d'une artiste (cinéaste, musicienne, peintresse, sculptrice, etc.) sur un Post-it, collez-le sur votre front et essayez de le faire deviner à vos potes !

Si vous êtes seul·e : regardez attentivement le nom des rues, places, boulevards et avenues, ainsi que des stations de bus ou de métro de l'endroit dans lequel vous vous situez. Chaque fois que vous apercevez un nom de femme, notez-le. Faites les comptes à la fin de la journée.

Niki de Saint Phalle, Alice Guy, Ava Duvernay, Lady Gaga, Billie Holiday, Rosa Bonheur…

Bravo les lesbiennes ?

La Journée de la visibilité lesbienne est fêtée chaque 26 avril. Mais pourquoi se limiter à 24 heures ? Cette année, on a décidé de célébrer les sportives lesbiennes. Après quelques miscellanées, découvrez notre album Panini revisité.

Nesthy Petecio
Sacrée vice-championne olympique aux JO 2020, la boxeuse philippine Nesthy Petecio a dédié sa victoire à la communauté LGBTQIA+.

> « Quel que soit le sexe auquel nous pouvons nous identifier, tant que nous avons un rêve, nous devons continuer à nous battre et mettre de côté ceux qui essaient de nous faire douter de nous et de nous rabaisser. »

Love is in the air

Parce que ce cahier de vacances est placé sous le haut matronage de l'amour, nous avons décidé de vous raconter les histoires d'amour qui se trament derrière les podiums.

Megan Rapinoe, joueuse internationale américaine de football, est mariée avec la basketteuse aux cinq titres olympiques Sue Bird.

Coureuses de skeleton, la Brésilienne **Nicole Silveira** et sa partenaire de vie, la Belge **Kim Meylemans**, se sont affrontées lors des Jeux olympiques d'hiver de 2022.

Les joueuses de hockey sur gazon de l'équipe britannique **Helen Richardson-Walsh** et **Kate Richardson-Walsh** se sont mariées en 2013 et ont, dans la foulée, changé leur nom de famille. Elles sont les premières sportives du même genre à remporter ensemble une médaille d'or aux Jeux olympiques.

La footballeuse espagnole **Mapi León** et sa coéquipière norvégienne du FC Barcelone **Ingrid Syrstad Engen** sont ensemble depuis 2022. Plusieurs comptes Instagram de fans partagent des photos du couple.

Lors des JO de Tokyo, **Gabriela Debues-Stafford** a couru avec les cheveux teints aux couleurs du *rainbow flag*.

En 2021 à Tokyo, **Raven Saunders**, vice-championne olympique de lancer de poids, a croisé les bras au-dessus de sa tête sur le podium en soutien aux victimes d'oppressions.

« Je me sens heureuse, car je sais que je vais inspirer beaucoup de personnes. Des petites filles, des petits garçons, des personnes LGBTQ, des personnes qui ont combattu la dépression… Beaucoup de gens qui ont un jour eu envie d'abandonner. Cette victoire n'est pas qu'à propos de moi. »

Natalie Cook
née en 1975

Australie
Beach Volley
Elle est mariée à Sarah Maxwell, joueuse de Beach Volley (Canada)
Médaille de bronze aux Jeux olympiques d'été de 1996
Médaille d'or aux Jeux olympiques d'été de 2000

Seimone Augustus
née en 1984

États-Unis
Basket-Ball
Elle fait son coming out en 2012
Médaille d'or aux Jeux olympiques d'été de 2008
Médaille d'or aux JO d'été de 2012
Médaille d'or aux JO d'été de 2016

Kajsa Bergqvist
née en 1976

Suède
Athlétisme – saut en hauteur
Divorcée de l'acteur Måns Herngren, elle fait son coming out bisexuel en 2011
Médaille de bronze aux Jeux olympiques d'été de 2000

Judith Arndt
née en 1976

Allemagne
Cyclisme
Militante lesbienne, elle fait son coming out en 1996. Ambassadrice des Gay Games avec Petra Rossner en 2005
Médaille de bronze aux JO d'été de 1996
Médaille d'argent aux JO d'été de 2004
Médaille d'argent aux JO d'été de 2012

Marnie McBean
née en 1968

🇨🇦 Canada
🚣 Aviron
🏳️‍🌈 Coming out après sa retraite, dans les années 2000. Mariée à Deanah Shelly
🥇🥇 Médailles d'or aux Jeux olympiques d'été de 1992
🥇 Médaille d'or aux JO d'été de 1996
🥉 Médaille de bronze aux JO d'été de 1996

Alexandra Lacrabère
née en 1987

🇫🇷 France
🤾 Handball
🏳️‍🌈 Elle fait son coming out en 2011
🥈 Médaille d'argent aux Jeux olympiques d'été de 2016
🥇 Médaille d'or aux JO d'été de 2020

Caster Sémenya
née en 1991

🇿🇦 Afrique du Sud
🏃 Athlétisme - course
🏳️‍🌈 Née intersexe, elle est privée de compétition chez les femmes depuis 2019
🥈 Médaille d'argent aux Jeux olympiques d'été de 2012
🥇 Médaille d'or aux JO d'été de 2016

Rachele Bruni
née en 1990

🇮🇹 Italie
🏊 Natation en eau libre
🏳️‍🌈 Première athlète olympique italienne à faire son coming out en 2016
🥈 Médaille d'argent aux Jeux olympiques d'été de 2016

7 différences

au beach volley

Réponses page 95

Points à colorier

Sortez les crayons, et suivez les chiffres pour donner quelques couleurs à l'un des plus beaux baisers lesbiens de la décennie. La scène se passe le 8 août 2021 aux JO de Tokyo. Les États-Uniennes viennent de remporter la finale de basket féminin. Dans les gradins, la footballeuse Megan Rapinoe se penche pour donner un baiser à sa femme, la basketteuse Sue Bird.

C'est l'heure de colle !

Vous prendrez bien une petite dose d'amour pour vous consoler d'avoir fait tant d'erreurs aux exercices précédents ;)

Horizontal

1. Hésiter, résister
2. Excitant à dessein
3. Émotion qui réchauffe
4. Flatterie sincère
5. Ce que nous sommes
6. Choisir du bout du doigt
7. Collision heureuse (?)
8. Attentions mignonnes, affection
9. Parfois lourde
10. Après une rupture ou un orgasme

Vertical

1. Notre jardin
2. Plus doux que le porno
3. Confiance et réciprocité
4. Un peu de miel
5. Vide ressenti
6. Vers où penchent nos désirs
7. Désarçonné, parfois avec un fard
8. Sortir la grande parade
9. On les célèbre à pied
10. Attraction

Réponses page 96

Les charades, ce n'est pas toujours facile et on était souvent meilleur·e quand on était enfant. Mais on compte sur votre esprit de compétition pour ne pas abandonner. Petit indice pour vous faciliter la tâche : vous avez croisé chacun de ces mots au moins une fois tout au long du cahier !

1

- Mon premier est un équivalent de « Cie » en anglais.
- Mon deuxième orne les petits-beurre dont on mange les coins en premier.
- Mon troisième n'aime pas trop être épilé et encore moins bleaché.

Mon tout est un adjectif qui permet d'être ensemble.

____

2

- Mon premier est un mode de transport antique ou québécois.
- Mon deuxième traduit *ego* en français.
- Mon troisième fait grandir le nez de Pinocchio quand il…
- Mon quatrième commence souvent par « *Once upon a time* », car c'est un conte en anglais.

Mon tout pèse très lourd sur la tête des femmes.

____

3

- Mon premier caractérise ce chef qui ne prend aucune décision.
- Mes deuxièmes sont prononcés par des amant·es qui s'officialisent.
- Mon troisième est une île britannique au drapeau étrange.

Mon tout nous rassemble et nous porte vers l'avant.

____

4

- Ma première est une artiste plasticienne féministe française.
- Mon second, quand il est mineur, est le deuxième accord de la chanson *You don't own me* de Lesley Gore.

Mon tout est un roman de Virginia Woolf que l'on vous conseille de lire pour changer d'Une chambre à soi.

____

5

- On attend d'une femme qu'elle soit mon premier quand elle s'exprime.
- Mon second a un petit air de punaise de lit, mais c'est un arachnide qui préfère les sous-bois.

Pour les féministes, l'intime est mon tout.

____

6

- On se pend à mon premier, quand c'est celui de son amoureux·se.
- Conjugué à l'indicatif présent, mon second fait la joie de la grenouille dans une comptine pour enfants.

Exclusif ou ouvert, on espère mon tout fonctionnel et aimant.

____

1. Réponse : inclusif => INC - LU - SIF • **2. Réponse :** : charge mentale => CHAR - JE - MENT - TALE • **3. Réponse** : mouvement => MOU - VŒUX - MAN • **4. Réponse :** Orlando => ORLAN - DO • **5. Réponse :** politique => POLIE - TIQUE • **6. Réponse :** couple => COU - PLEUT

C'est l'heure du **bilan** !

Il est temps de faire le point sur les compétences acquises tout au long du cahier (et presque de se dire au revoir… snif). Allez, prenez un crayon, calez-vous confortablement au fond de votre transat et répondez à ces 20 questions. On ne regarde pas la copie des voisin·es de table !

1 La peintresse Huguette Caland est :

a. libanaise
b. belge
c. canadienne

2 L'Américaine Sarah Tabitha Babbitt a inventé :

a. la scie à métaux
b. la scie circulaire
c. la scie à ruban

3 Sur Instagram, quel est le pourcentage de contenus qui propagent des stéréotypesde genre ?

a. 68 %
b. 77 %
c. 81 %

4 Virginia Woolf a écrit :

a. *Malongo*
b. *Alonbon*
c. *Orlando*

5 Être « cisgenre » signifie :

a. que vous hésitez entre plusieurs genres
b. que votre sexe de naissance est identique à votre genre actuel
c. que vous avez changé de genre

6 Quelle est la gagnante de Drag Race France 2023 ?

a. Paloma
b. Piche
c. Keiona

7 Megan Rapinoe est née en :

a. 1995
b. 1981
c. 1985

8 Être *aroace*, c'est ne pas avoir d'attirance sexuelle et romantique pour les autres.

a. vrai
b. faux

9 Gérald Darmanin a répondu à la journaliste Apolline de Malherbe : « Calmez-vous, madame… »

a. « ça va bien se passer »
b. « vous êtes dépassée »
c. « vous avez une crotte de nez »

10 Dans *Harry Potter*, les parents de Hermione Granger sont :

a. flûtistes
b. dentistes
c. ébénistes

11 **Voltaire a eu des propos :**

a. sexistes
b. antisémites
c. homophobes

12 **Qui en 2018 a réhabilité les sorcières ?**

a. Céline Sciamma
b. Mona Chollet
c. Lauren Bastide

13 **L'emblème de l'Écosse est :**

a. l'éléphant à grandes oreilles
b. le cerf-volant
c. la licorne

14 **Le SOPK est un parti d'extrême droite suédois :**

a. vrai
b. faux

15 **Billie Jean King était joueuse de :**

a. tennis de table
b. tennis
c. badminton

16 **Quel pourcentage de femmes sont ménopausées à 40 ans ?**

a. 0,1 %
b. 10 %
c. 1 %

17 **En quelle année l'Espagne a-t-elle adopté la « loi transgenre » ?**

a. 2023
b. 2020
c. 2015

18 **Avec les femmes, seules les femelles orques, bélugas et narvals passent par la ménopause.**

a. vrai
b. faux

19 **La Palestinienne Samia Halaby est :**

a. peintresse
b. philosophesse
c. doctoresse

20 **Le *gaslighting*, c'est :**

a. chouette
b. pas chouette
c. vraiment pas chouette

Résultats à la page suivante

Alors, quel est votre niveau en **féminisme** *?*

Après tant d'heures passées sur le cahier et sur ce dernier test de connaissances, à quel niveau pensez-vous être arrivé·e ? Comptez vos bonnes réponses et découvrez-le avec nous. Mais avant toute chose : bravo à vous d'être arrivé·e jusqu'ici !

Résultats :

1. A ☐ – 2. B ☐ – 3. A ☐ –
4. C ☐ – 5. B ☐ – 6. C ☐ –
7. C ☐ – 8. VRAI ☐ – 9. A ☐ –
10. B ☐ – 11. A, B ET C ☐ –
12. B ☐ – 13. C ☐ – 14. FAUX ☐ –
15. B ☐ – 16. C ☐ – 17. A ☐ –
18. VRAI ☐ – 19. A ☐ – 20. C ☐

Vous avez entre zéro et quatre bonnes réponses :

Vous êtes encore novice et il vous reste du chemin à faire, mais, au moins, vous êtes en route ! Persévérez et n'attendez pas l'année prochaine pour vous y remettre. Jetez un œil à la bibliographie en page 87 et piochez-y vos prochaines lectures, ou profitez-en pour entamer une discussion avec vos ami·es sur les dossiers du cahier qui vous ont marqué·e !

Vous avez entre cinq et huit bonnes réponses :

« Peut mieux faire », mais en vous accrochant, la moyenne est à portée de main. Vous avez fait le plus dur en vous plongeant dans la résolution de tous nos exercices et, si les notions ne sont pas complètement acquises, c'est peut-être un peu à cause de nous (encore du boulot en pédagogie appliquée !). Alors, ne vous flagellez pas trop non plus et continuez à apprendre en vous amusant !

Vous avez entre neuf et douze bonnes réponses :

Vous oscillez entre intermédiaire·et intermédiaire +. Les bases sont là, et elles sont solides ! Évidemment, il y a quelques notions à réviser, mais c'est déjà pas mal du tout. Les perfectionnistes parmi vous pourront retourner combler leurs lacunes en revenant en arrière dans le cahier. On n'est pas là pour vérifier combien de fois vous avez passé le test ;)

Vous avez entre treize et seize bonnes réponses :

Vous avez un niveau expert·e, c'est-à-dire qu'on pourrait vous inviter sur BFMTV pour parler féminisme entre deux sujets géopo et prix du pain au supermarché, et vous seriez légitime ! On vous retrouve bientôt sur le plateau, mais n'oubliez pas de vous mettre à jour de temps en temps pour rester au niveau et remonter un peu celui des débats !

Vous avez entre dix-sept bonnes réponses ou plus :

Vous êtes incollable. Mission accomplie pour nous. On inclut évidemment une marge d'erreur d'inattention – on vous voit, celles et ceux qui ont voulu finir avant les autres et ont sauté des pages pour aller plus vite… En tout cas, on est impressionnées ! On espère que vous aussi, et que ça vous donnera envie d'aller toujours plus loin pour délivrer le monde du patriarcat !

Courrier des lecteurs

Réponses de féministes aux questions que se posent les hommes.

Hugo
34 ans

Pourquoi vouloir imposer l'écriture inclusive alors que c'est un fait : elle complique la lecture (pour les enfants, pour les personnes dyslexiques…) ?

On fait facilement l'amalgame entre les termes « écriture inclusive » et « point médian ». L'écriture inclusive, c'est la féminisation des noms de métier (autrice), dire « bonjour à toutes et à tous », utiliser des mots épicènes (comme le lectorat au lieu des lecteurs). Ce n'est donc pas plus difficile à lire pour les enfants et les personnes dyslexiques, ça fait juste plus de mots.

En revanche, le point de crispation dont vous parlez se fait autour de l'utilisation du point médian (pour rappel, c'est ce point au milieu de « lecteur·ice » qui affole tout le monde). Le point médian est une abréviation de l'écriture inclusive. Au même titre que vous lisez « M. Macron » -> monsieur Macron, et pas « M point Macron », avec le bon apprentissage, vous lirez « lecteur·ices » -> lecteurs et lectrices (ou lecteurices si vous êtes comme Victoire Tuaillon).

Ça fait 40 ans que l'on utilise des parenthèses dans les documents officiels : par exemple, marié(e), divorcé(e), par exemple. Mais si vous avez bien suivi en primaire, vous savez que la parenthèse est une ponctuation (et ce qui est dit entre parenthèses est secondaire). C'est par refus de mettre le féminin au second plan que l'on a cherché à remplacer l'usage des parenthèses : par des barres obliques, des traits d'union… Et ce qui fait consensus aujourd'hui, c'est le point médian.

Alors oui, c'est un peu difficile à lire au début, mais pas plus absurde que d'apprendre à l'école que le masculin l'emporte sur le féminin, ou de lire un smiley quand on écrit « ;) ». C'est une question d'habitude, et peut-être aussi d'un peu de bonne volonté !

Robin
23 ans

On a eu #MeToo et, pourtant, les femmes entre elles restent sans pitié. Est-ce que c'est un mythe, la sororité ?

La sororité n'est pas une formule magique donnant un accès inconditionnel au monde des Bisounours, c'est un principe qui prône l'unité et la solidarité entre femmes (et par extension, entre personnes minorisées). C'est aussi un terme employé pour contrer un certain entre-soi masculin qui a une portée militante. Ce n'est pas parce qu'on est une femme qu'on est *de facto* solidaire, empathique, ou qu'on se sent concernée par les difficultés des autres.

Mais la sororité est partout : ce sont les sorcières, les clubs de lecture, les lesbiennes, les gangs de mamans au parc, les réunions en non-mixité, et pour le Jean-Mi lambda, c'est au mieux ridicule, au pire dangereux et passible de noyade, du bûcher ou de lynchage médiatique. Donc non, ce n'est pas un mythe, mais ne pas être sororale, c'est parfois un mécanisme d'adaptation, un moyen de survie dans une société patriarcale qui ne valorise ni les femmes, ni les femmes qui s'organisent entre elles.

Sébastien
39 ans

Toutes les femmes boss que j'ai eues dans ma vie étaient mesquines et toxiques. Est-ce que les femmes valent vraiment mieux que les hommes ?

Les femmes sont des êtres humains comme les autres, et comme on ne manage pas avec ses parties génitales (en tout cas si on applique le Code du travail), ce n'est pas étonnant de trouver des femmes boss aussi nulles que des hommes boss. En 1983, Françoise Giroud disait d'ailleurs : « La femme sera vraiment l'égale de l'homme le jour où, à un poste important, on désignera une femme incompétente. » Malgré quelques exceptions qui confirment la règle (par exemple, au sein du gouvernement actuel), ce n'est toujours pas le cas. La parité est par exemple loin d'être atteinte dans les entreprises du secteur privé, où les femmes ne représentent que 26 % des postes de haute fonction d'encadrement (alors qu'elles constituent la moitié des salariés) et gagnent en moyenne 24 % de moins que les hommes. C'est ce que l'on appelle le plafond de verre : cette barrière invisible limite l'évolution de carrière des femmes visant des postes à responsabilité. Pas étonnant que certaines optent alors pour une stratégie dite « masculine » pour jouer avec les règles du jeu imposées. Donc non, les femmes ne valent pas mieux que les hommes, Sébastien, mais si on est égaux et égales face à la médiocrité, ce serait sympa de l'être aussi sur la fiche de paie et les évolutions de carrière.

C'est quoi… l'écoféminisme ?

Sandrine Rousseau en est la digne représentante en France. Qu'est-ce que l'écoféminisme ? Est-ce que ça entre dans une valise cabine ? On a voulu tester vos connaissances en la matière. Et au pire, si vous entendez ce mot pour la première fois, faites confiance à votre chance légendaire.

1 L'écoféminisme est la convergence des luttes féministes avec…

a. l'économie
b. l'écologie
c. l'équitation

2 Le terme d'écoféminisme apparaît pour la première fois en français en…

a. 1974
b. 1991
c. 2002

3 C'est alors Françoise d'Eaubonne qui l'utilise dans un essai.

a. vrai
b. faux

4 Aux États-Unis, le premier mouvement écoféministe naît au même moment. À votre avis, quel était son nom ?

a. Women Free on Earth
b. Women For Life on Earth
c. Women Earth Life

5 Leur première action a été de :

a. déposer du crottin devant la Maison-Blanche
b. encercler le Pentagone avec 2 000 femmes
c. faire une grève du sexe de 100 jours

6 Trouvez les mots qui manquent dans cette citation de Vandana Shiva, écrivaine et militante écoféministe indienne :

« Nous devons avoir une ______ quantique et globale de notre monde, où tout est interconnecté. L'eau, la nourriture, la terre, le sol, la ____, l'humain : chaque ____ interagit avec les autres. »

7 Dans les années 1970, en Inde, des femmes ont mené un combat pour arrêter :

a. la destruction de la forêt autour de leur village
b. la privatisation d'une source d'eau potable
c. la création d'une antenne de radio dédiée aux chansons de Jean-Jacques Goldman

8 Parmi ces actions écoféministes, trouvez celle que l'on vient d'imaginer :

a. créer une chaîne humaine autour d'arbres
b. poser des explosifs pour empêcher la création d'une centrale nucléaire
c. déposer un mois de déchets devant le ministère de la Défense

Réponses page 95

1__ 2__ 3__ 4__ 5__

6 ______________________________

____

7__ 8__

Souvenirs de vacances

Allez hop, une paire de ciseaux, un timbre et un stylo, c'est le moment d'envoyer votre plus belle carte postale. N'oubliez pas de faire baver le ou la destinataire ! Où que vous soyez, vous ne pourrez pas être mieux accompagné·e qu'avec votre *Cahier de vacances féministe* !

**Petit conseil : découpez de l'autre côté,
et écrivez sur la carte une fois détachée du *Cahier*.**

Morgane Carré

Tisser la tempête

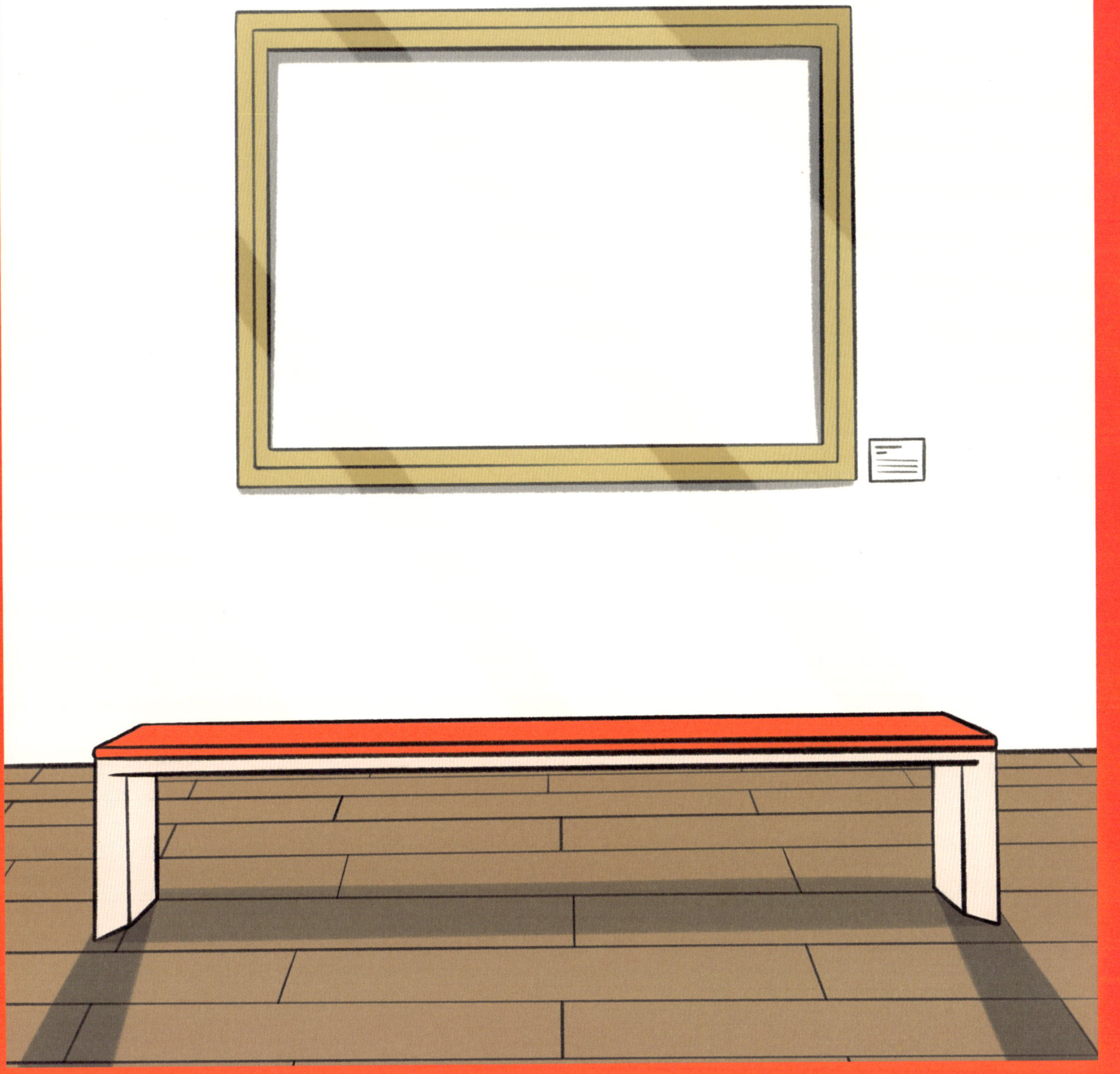

Courte plongée dans l'effervescence estivale d'un village d'artistes où dix œuvres ont disparu…

Carmen gratte un bouton de moustique apparu dans la nuit juste au-dessus de son pubis. Le temps qu'elle émerge vraiment, une plaque rouge de cinq centimètres de côté se détache en relief de sa peau couleur crème pâtissière, les taches de rousseur comme des grains de vanille. Une fois réveillée, elle a chaud. Elle finit de dézipper le sac de couchage pour pouvoir s'asseoir et se cogne dans la lampe attachée au crochet au milieu du plafond de la tente.
Elle évite de justesse le coup en pleine face quand la lampe revient en boomerang, l'attrape, la détache, et la jette au fond de la tente, déclenchant une pluie de rosée sur la toile intérieure. Elle sort de la tente et marche pieds nus dans l'herbe mouillée, enfile ses tongs avant de passer la porte des sanitaires, que plusieurs douches très matinales ont déjà inondés. Elle passe rapidement la raclette pour moins patauger. Pisser les pieds dans l'eau ne lui plaît qu'à moitié. Surtout un dimanche matin qu'elle n'avait pas du tout prévu de passer ici.

***

Trois jours plus tôt, elle fulminait dans son bureau en attendant la sanction. Elle savait qu'elle était allée trop loin, même Jeanne avait reculé dans sa chaise quand elle avait explosé en salle de réunion. Carmen s'était levée d'un coup quand, pour la troisième fois de suite, son supérieur lui avait coupé la parole en plein *briefing*. « Je n'ai pas besoin que tu reformules chacune de mes phrases. Si tu préfères, je te donne mes notes et tu continues à ma place parce que moi, je peux m'en aller, j'ai de quoi m'occuper si mon *briefing* ne te convient pas. » Le tout quelques décibels au-delà de la limite du supportable pour les oreilles sensibles de la hiérarchie.
Elle s'était rassise, avait marmonné des excuses et avait repris sa présentation dans un silence religieux pendant que ses joues et celles de son chef formaient un nuancier de rouge, entre framboise et cramoisi.
Deux heures après la réunion et après avoir retrouvé une couleur normale, son chef était venu lui annoncer qu'elle partait en mission, seule, dans un village à 150 kilomètres de là. C'était ça, la punition, l'isoler pour un temps indéfini, alors qu'elle avait bossé des jours entiers sur l'enquête en cours. Elle ne pourrait revenir qu'une fois l'affaire-corvée bouclée. Obligation de résultat. Elle logerait au camping, au milieu des vacancier·ières juillettistes. Pas assez de budget pour un hôtel dans ce village très touristique, et son chef n'avait aucune envie de faire une exception pour elle.

***

Après sa douche, elle va remplir son thermos de café à la cafétéria du camping et prend deux croissants, un pour la faim, un pour le goût, avant d'installer la petite table pliante en alu sous un arbre près de la tente. Elle déplie son PC, chausse ses lunettes de soleil et entreprend de relire le maigre dossier d'enquête avant de commencer sa journée de visites.

Le village accueille une trentaine d'ateliers d'artisans et d'artistes, parfois les deux, et les galeries d'exposition qui vont avec. Ce sont ces galeries qui attirent les touristes depuis la France et l'étranger, et ce sont les mêmes qui sont répertoriées dans son dossier d'enquête. Carmen les a classées par ordre de disparition : neuf de ces galeries ont perdu une œuvre dans les dernières semaines et plusieurs plaintes ont été déposées. Toutes les artistes concernées sont des femmes. C'est leur seul point commun, car les œuvres vont du bijou en argent martelé à la tapisserie monumentale, en passant par un triptyque de petites huiles sur toile qui font un peu penser à ces images de l'apocalypse et du paradis peintes au Moyen Âge par un peintre espagnol sous acide. Le générique de *Cat's Eyes* tourne en boucle dans la tête de l'enquêtrice. Elle doit trouver le bon scénario, pour rentrer rapidement au bercail, prouver qu'elle sait bosser et reprendre le train-train des enquêtes sans terrain. Elle pourrait aussi faire durer un peu, il fait beau, la mer est tout près, et elle ne risque pas de briser l'ego fragile de son chef à chaque pas qu'elle fait hors de son bureau.

***

Jusqu'au mardi soir, elle écoute les galeristes lui raconter les œuvres manquantes. Ils ont laissé les emplacements vides. Celui de la tapisserie est impressionnant. L'artiste avait retrouvé un stock ancien de bobines de laine pure, filée à la main. Les couleurs étaient celles des moutons qu'on avait tondus pour l'obtenir. Rangées dans des caisses abandonnées au fond d'un ancien entrepôt de pièces mécaniques, elles attendaient depuis on ne savait trop quand que quelqu'un vienne les chercher ou au moins s'intéresse à elles. L'œuvre devait redonner un sens à cette trouvaille, retisser les liens entre un passé flou et le présent, pas toujours très clair non plus. Avec la laine, tout en nuances de gris, parfois blanc sale, parfois ardoise, l'artiste a figé sur son métier une tempête, de celles, immuables, qui fracassent tout et reviennent ailleurs, avec la même violence ; le ciel qui craque, les vagues qui cassent, l'écume jaunâtre, solide. La description part un peu loin pour Carmen, qui demande si elle peut voir une photo.
Elle continue son tour, en maillot de bain sous son short, en profite pour acheter une casquette souvenir : un pinceau, un marteau et une vague, l'emblème non officiel du village, floqués en série sur un tissu jaune pâle par une machine chinoise. Elle a aussi laissé tomber les sandales et sorti les sneakers qu'elle ne peut jamais porter au boulot. Déambuler dans les ruelles pavées et piétiner dans des ateliers bondés nécessite un certain confort plantaire que les sandales ne lui offrent pas. Elle n'a pas non plus été emportée par le tsunami Birkenstock, même après *Barbie*. En poussant la porte d'une nouvelle galerie où manque la sculpture de l'une des artistes les plus connues du groupe, elle remarque un attroupement au milieu de la pièce. Le galeriste a installé un petit pupitre avec, sur la gauche, une photo sous plastique de l'œuvre et, sur la droite, une présentation par l'artiste et le prix de vente. Malgré le succès de cette petite installation, le galeriste paraît un peu chafouin derrière son bureau. Les visiteurs ne s'intéressent en fait qu'à la seule œuvre qu'il ne peut pas vendre, puisqu'elle a disparu, et s'en vont la plupart du temps sans même jeter un œil au reste. Parfois certains viennent se renseigner, mais c'est pour demander si d'autres œuvres de cette artiste sont exposées ici. Il les déçoit à chaque fois.

***

Si les artistes ont réagi, Carmen n'est pas au courant. Elle atteint les limites de la fouille incognito et doit tomber le masque si elle veut aller plus loin. Elle ne sait pas encore si elle doit absolument changer de tenue. Elle laissera peut-être son maillot sous la tente, mais avec cette chaleur, il est hors de question qu'elle mette un jean.
Elle envoie un point de situation à son chef, après avoir demandé à Jeanne de relire son mail pour l'expurger de toute trace de sarcasme mal contenu. Elle y détaille son plan d'action pour les prochains jours. Une fois validé par la relectrice, le message est envoyé et Carmen peut passer à l'étape suivante de son programme : profiter de la mer et de son maillot de bain. Elle garde le soleil pour sécher sur la plage et prévoit de passer les heures plus grises à revoir la *checklist* du mercredi.

Carmen reprend le même ordre de visites que la première fois. Ils sont tous surpris, même ceux qui ont porté plainte, par l'intérêt que leur porte la police. Certains ne la reconnaissent pas. Elle pensait que c'était obligatoire, pour les commerciaux, d'être physionomiste. Reconnaître ceux qui reviennent parce qu'ils ont hésité la première

fois, c'est essentiel pour mieux les cerner, les traiter comme des gens raisonnables parce qu'ils n'ont pas cédé à la première impulsion. S'ils reviennent, c'est que c'est réfléchi et qu'ils doivent repartir avec cette toile, cette sculpture, ce livre ancien, cette photo avec ou sans son cadre.
Carmen, de son côté, avait pris le temps de les observer dans leur élément, sans cette tension qui emplit chaque pièce à la mention du mot « police ». Elle avait vu ceux chez qui l'effervescence autour des vols provoquait une excitation de spéculateur ; le jour où ces œuvres réapparaîtraient, elles vaudraient bien plus cher que leur prix de vente initial. Il y avait ceux qui, comme celui au pupitre, étaient plutôt désemparés que les seules œuvres qui intéressent les touristes soient celles qui laissaient des trous dans l'installation millimétrée de leur salle d'exposition.
Une fois que l'effet de surprise est passé, elle pose à chacun une même série de questions :

- *Depuis quand représentez-vous cette artiste ?*
- *Combien vaut l'œuvre volée ?*
- *Combien valent les autres œuvres qui n'ont pas été ciblées ?*
- *Combien d'artistes que vous représentez ne sont pas des hommes cis ?*
- *Combien d'autres œuvres de la même artiste sont exposées dans la galerie ?*

Elle reçoit à peu près les mêmes réponses :

- *Pas très longtemps.*
- *Assez cher.*
- *Plus cher que l'œuvre disparue.*
- *Une (celle de l'œuvre volée).*
- *Une seule ou aucune.*

Elle leur demande, pour terminer, les numéros de téléphone de chacune des artistes.

Aucun signe d'effraction n'a été constaté dans les galeries concernées. Quelques-unes ont déjà prévu de se retourner contre les sociétés de sécurité qui leur ont vendu serrures, alarmes et caméras à détection de mouvement. Mais la plupart n'ont que des installations classiques, éventuellement des caméras factices, et ne semblent pas trop s'inquiéter de rehausser le niveau de protection des œuvres restantes.
L'enquêtrice prend contact avec les artistes. Beaucoup sont hésitantes, voire suspicieuses. Elles s'offusquent pour certaines d'être interrogées sur les relations qu'elles entretiennent avec les hommes qui doivent vendre le fruit de leur travail. Elles n'ont finalement pas grand-chose à lui dire, à part qu'elles espèrent qu'on retrouvera vite leurs œuvres, pour leur valeur pécuniaire autant qu'affective. D'après ses recherches, Carmen sait que ce sont majoritairement des artistes encore précaires, qui ont la chance d'être exposées, mais qui n'ont pas encore percé au-delà d'un cercle réduit.
En croisant les informations dont elle dispose sur les dispositifs de surveillance (quand ils existent), les protections sur les œuvres, les horaires d'ouverture des galeries et les habitudes des galeristes ou de leurs employés quand ils en ont, elle se demande si les vols n'ont pas pu avoir lieu de jour. Si c'est le cas, elle a affaire à des voleur·euses bien téméraires à qui elle ne risque pas de faire très peur. La logistique d'une sortie inaperçue de la tapisserie monumentale par l'entrée de la galerie lui paraît de fait très audacieuse. Il a fallu beaucoup de préparation et/ou beaucoup d'inconscience.

***

Jeudi matin, alors qu'elle traîne pour se lever après une nuit d'insomnie, elle reçoit un premier appel, qu'elle ne prend pas, puis un deuxième, quelques minutes plus tard, d'un autre numéro. Au troisième, elle se redresse pour ne pas avoir la voix trop molle et décroche. C'est le galeriste du collier, il a reçu un virement du montant du prix de l'objet, d'un compte qu'il ne connaît pas. Il dit que ça vient de l'étranger à son avis, mais il n'est pas sûr. « Est-ce que ça avance, votre enquête ? Qu'est-ce que ça veut

dire ?» Elle raccroche après l'avoir remercié pour l'information et lui avoir demandé d'envoyer les détails du virement bancaire par mail à l'adresse qui est sur la même carte que son numéro de téléphone.
Sur son répondeur, deux messages qui disent la même chose et demandent de rappeler. Elle n'a pas le temps de le faire qu'un quatrième appel fait vibrer le téléphone contre son oreille. Pour ne pas recevoir neuf coups de fil d'affilée et préserver ses tympans, elle décide de rassembler les galeristes dans la petite salle que la mairie a mise à sa disposition en cas de besoin. Elle demande à la cafétéria du camping si elle peut emprunter une cafetière et quelques gobelets et achète ce qui leur reste de viennoiseries pour adoucir un peu l'humeur des vendeurs d'art du village. La patronne mandate sa fille pour aider Carmen à transporter l'ensemble jusqu'à la mairie et lui rapporter les dernières informations qui alimenteront les conversations de la journée.

Le village est en pente. Le temps qu'elle arrive depuis le camping situé en contrebas – elle a tenu à ne pas courir pour être présentable à l'arrivée —, ils sont tous déjà là et discutent vivement. Ils se tournent vers elle d'un seul mouvement quand elle entre dans la pièce et la toisent, pour ceux qui ne sont pas plus petits qu'elle. Quatre jours qu'elle traîne dans leurs pattes et rien n'avance. Et maintenant, cette histoire de virements. «Est-ce que nos œuvres sont encore considérées comme volées ? Ce n'est pas ça un bien mal acquis, j'ai lu ça quelque part ? Et si j'entre dans un musée et que je vole un chef-d'œuvre, est-ce qu'il suffit de régler le montant estimé au musée pour qu'il ne se passe rien ? Est-ce que l'enquête s'arrête ? Et si les œuvres valent en fait plus cher ? Et si vous récupérez les œuvres, est-ce qu'on doit rendre l'argent ? D'ailleurs, comment on sait qui a payé ?
– Commençons par là. Vous allez me transmettre toutes les informations sur ces virements pour que je les fasse analyser par mes collègues. J'imagine que ça vient du même endroit. On va essayer de comprendre, mais je dois aussi vous poser la question : même si ça ne mettrait pas fin à tout, est-ce que vous envisageriez de retirer vos plaintes si on trouvait qui a effectué les paiements ?
– On en parlait avant que vous arriviez, dans l'absolu, ce serait super si on pouvait en rester là et faire comme si rien ne s'était passé, mais ça nous fait un peu flipper, en fait. Évidemment, le vol, hein, et puis après, tous ces virements, ça veut dire que nos RIB se baladent dans la nature ? Pourquoi ? Est-ce qu'on aura quand même droit à des réponses si on retire nos plaintes ?»
Carmen attend un peu avant de reprendre la parole, au cas où quelqu'un aurait autre chose à dire. Elle leur demande de réfléchir calmement à la liste des gens qui pourraient avoir accès à leurs données bancaires, les rassure, «l'enquête ne s'arrête pas pour le moment», et les laisse repartir. Pour l'instant, il n'y a rien de plus à dire.

***

Carmen sent qu'on s'approche de la fin, mais si elle veut avancer vite, elle sait qu'elle ne peut compter que sur sa tête. Les analyses des données bancaires mettront peut-être des semaines à être faites. Neuf mecs qui se sont fait rembourser leur marchandise après un vol sans violence ni même effraction ne prendront jamais la première place dans la liste des priorités de ses collègues. Elle ne peut pas compter dessus pour rentrer à la maison.
Elle écrit de nouveau à son supérieur, lui dit que le point de bascule n'est plus très loin. Le paiement viré à chaque galeriste signifie peut-être que le ou les voleurs (ou voleuses) se sentent acculé·es. Elle peut compter sur l'aide du maire, qui pour le moment ne voit que des avantages à cette histoire qui amène au village tous·tes les curieux·euses de la région, en plus des touristes habituel·les. Les commerçant·es ont rarement fait de tels chiffres. On ne sait plus exactement quels sont les intérêts qui sont lésés ici. Tout le monde semble y trouver son compte, à part elle. Et cela commence à l'agacer.
Après avoir éliminé de sa liste les trois quarts des habitant·es du village, trop occupé·es pour monter une telle opération, et en l'absence du quart restant qui s'échappe

traditionnellement du village l'été pour fuir la marée de vacancier·ères, elle décide de recontacter les artistes. Elle se demande si leurs galeristes ont pensé à les appeler. Devant elle, pas un ne s'est interrogé sur le versement de leur part après avoir reçu le paiement. Ils attendent peut-être qu'on leur confirme qu'ils ont le droit de garder l'argent...

***

Les premières qu'elle appelle ne sont pas très intéressées, même quand Carmen leur rappelle que, théoriquement, une partie de l'argent doit leur revenir. « Est-ce que votre galeriste vous a contactée ? » Une jeune peintresse répond que oui, son galeriste, qui, au fait, est aussi son père, l'a prévenue le matin. Carmen l'entend sourire dans le téléphone en ajoutant qu'apparemment, il n'avait pas trop confiance en « cette enquêtrice qui n'a pas l'air très maligne ».
C'est une sculptrice qui finit par trahir le groupe. Échaudée par les premiers appels et piquée dans sa fierté par le commentaire du galeriste et le ton goguenard de sa fille, Carmen pousse un peu plus loin les questions et secoue son interlocutrice. Elle sent la tension monter dans la voix de la sculptrice qui finit par exploser : « Mais putain, ça leur suffit pas ? D'être débarrassés de nous et de nos œuvres dont ils se foutent et qu'on les ait payés pour ça ? » Elle n'essaie même pas de rétropédaler et le téléphone reste silencieux de longues secondes avant que Carmen demande : « Est-ce que, maintenant, vous pouvez tout me raconter ? »
La sculptrice répond qu'il faudrait que les autres soient là, si c'est possible. Sa voix est résignée et Carmen décide de faire confiance aux artistes pour ne pas la lui faire à l'envers. Elles doivent se rendre compte que si elles ne viennent pas d'elles-mêmes, on ira les chercher. On écoutera la version des autres plutôt que la leur. Elles ne seront pas maîtresses du narratif.

***

Près d'une semaine après son arrivée au camping, Carmen a pris le pli, s'est adaptée aux habitudes des résident·es longue durée. Elle salue les monitrices de colo de loin – elle a perfectionné ses tactiques d'évitement à la douche, à la cafétéria, et même à la plage où elle fait maintenant un tour vers midi – avant les pires horaires à coups de soleil et la ruée de seize heures. Elle emporte en général son sandwich et le carnet qu'elle a démarré pour cette affaire. Toutes ses notes, quelques croquis, beaucoup de points d'interrogation. Elle relit l'ensemble et voit qu'elle avait déjà souligné l'homogénéité des réactions plutôt impassibles des artistes à l'annonce de la disparition de leurs œuvres.
En nageant, elle se demande ce qui a bien pu pousser neuf femmes, neuf artistes, à s'allier pour subtiliser leurs propres travaux aux hommes qui devaient les vendre. Il fait frais quand elle sort de l'eau, le soleil est masqué par un nuage de dessin animé, blanc comme du papier machine sur fond bleu cyan. Elle se rince puis se sèche rapidement et rentre au camping se changer avant de prendre le car qui l'emmènera dans un village voisin, où deux des artistes ont installé leur atelier dans une ferme qu'elles ont achetée. Comment elles ont fait pour convaincre une banque de leur prêter l'argent, c'est un mystère, et Carmen se dit que c'est le genre de projet réussi qui, selon les jours, pourrait lui donner à espérer (tout est possible) ou la plonger dans la déprime (elle doit être vraiment nulle si elle n'y arrive pas, elle aussi).

***

Elle entre dans une cour gravillonnée, remarque les quelques parterres de fleurs et la toiture en parfait état de la grange qui fait face à la maison, d'où sortent bientôt plusieurs femmes pour l'accueillir. Elles ont préféré ne pas se montrer au village et ont décliné l'invitation à boire un café chaussette à la mairie. Deux d'entre elles sont absentes, parce qu'elles sont trop loin, mais une des photographes du groupe a installé l'écran et le vidéoprojecteur, pour qu'on puisse les voir en visio un peu mieux que sur l'écran d'une tablette 15 pouces. Carmen salue chacune d'entre elles d'une poignée de main. La plupart arborent un sourire un peu gêné, tandis que d'autres, plus fermées, se tiennent prêtes à entrer dans la bataille s'il le faut. Elles sont sûres de leur fait, elles ne doutent pas. Elles s'installent autour d'une longue table en bois, Carmen à un bout, l'écran des absentes à l'autre. En premier lieu, l'enquêtrice veut simplement comprendre : pourquoi et comment. Le reste, les considérations sur les conséquences, tout ça viendrait ensuite.

Elles se sont partagé le temps de parole. Chacune leur tour, elles évoquent le manque de considération, voire le mépris de leurs galeristes. La relégation dans les coins, les prix plus bas de leurs œuvres en comparaison de celles de leurs collègues masculins – pourtant on ne peut pas dire qu'ils soient tous plus talentueux, ni même plus connus qu'elles. Les décisions unilatérales, le manque d'information sur les ventes, le désintérêt, les conditions très limitantes des contrats : certaines n'ont pas le droit de vendre leurs œuvres ailleurs, mais leur galeriste ne les leur prend qu'une par une. Il y a aussi la tisseuse, qui demande à Carmen ce que machin lui a raconté sur sa tapisserie. C'est n'importe quoi. D'accord, c'est joli, il s'est bien démerdé avec ses histoires de passé, de présent. Mais la tempête, c'est surtout la transformation, la violence de son histoire à elle. Tisser la tempête, c'était tisser, à partir de cette matière existante abandonnée, inutile, mais utilisable, une nouvelle vie, un mouvement vers l'avant. Comme pour elle : façonner son corps et son état civil pour devenir la personne qu'elle devait être et ne pas se contenter de rester l'enveloppe, l'outil fonctionnel. Une main sur son épaule vient la soutenir. Elle termine : pour machin, une artiste trans, ça ne vend pas. Il m'interdit d'en parler, alors je refuse toutes les rencontres, je ne fais que des interviews où je réponds aux questions par mail. Je ne peux pas avoir une existence publique.

La peintresse qui s'est moquée d'elle au téléphone prend le relais : ils se foutent de notre gueule. Mon père le premier, qui raconte à tout le monde qu'il ne m'expose que parce que je suis sa fille... On parle de tout ça depuis un moment, toutes ensemble. Il fallait que ça s'arrête, on ne savait pas trop comment s'y prendre, mais on savait qu'on ne pouvait rien y gagner si on essayait de se débrouiller chacune de notre côté.

Une des deux absentes prend la parole derrière son écran. Elles ont mis des mois à monter leur truc. Il fallait d'abord se blinder le plus possible pour l'après, trouver de quoi dénoncer leurs contrats, anticiper les contre-attaques, et puis trouver un lieu – seules deux d'entre elles y habitent, mais la ferme a en fait été achetée par la SCI qu'elles ont montée –, ouvrir un compte pas trop clair à l'étranger pour gagner du temps en brouillant les pistes, une idée des photographes... S'arranger pour avoir besoin à un moment ou un autre du RIB de leurs marchands et puis, surtout, organiser les subtilisations.

Pour la plupart, il avait simplement suffi de décrocher ou de prendre les œuvres là où elles étaient posées, à un moment où la galerie était temporairement vide de ses occupant·es. Elles étaient si peu mises en valeur qu'à chaque fois, il avait fallu attendre plusieurs heures ou même le lendemain pour que la disparition soit remarquée. Pour la tapisserie, ça avait été plus technique, mais un camion de livraison à l'heure de l'ouverture qui se gare devant l'entrée, le propriétaire distrait par une signature sur le bon, l'artiste et deux amies qui entrent, décrochent et roulent en vitesse la tapisserie, la glissent par la porte coulissante de l'utilitaire et oh ! Surprise, effroi, stupeur ! La tapisserie a disparu dans la nuit !

Tous les vols ont donc bien eu lieu de jour sans que personne ne les remarque. Mauvais pour les assureurs, mais aussi pour la confiance que les autres artistes accordent à leurs représentants. Le fait de rembourser intégralement les galeristes visait à se dédouaner du préjudice financier de la perte des œuvres. Un peu facile à première vue. Mais elles ont organisé leur affaire de manière à ce que les galeristes perdent bien plus en réputation s'ils décident de ne pas lâcher le morceau. Elles voulaient,

elles veulent encore, leur proposer de « vendre » toute l'histoire sous couvert d'un *happening* géant, dont les galeristes bénéficieraient avec plus de visiteurs, et qui devrait leur apporter à elles une notoriété supplémentaire et, pourquoi pas, augmenter un peu leurs cotes sur le marché. La venue de Carmen et le dérapage non contrôlé de leur amie ont un peu accéléré les choses, mais elles avaient initialement prévu de contacter les galeries pour leur exposer la situation et leurs options, avant d'annoncer publiquement l'ouverture d'une grande exposition de leurs œuvres réunies, entourées de nouvelles productions, dans le bâtiment d'en face, à la toiture et à l'isolation toutes neuves.
Carmen réprime le rire nerveux coincé depuis quelques minutes quelque part entre ses poumons et sa gorge. Elle pense à son chef qui croyait lui donner une bonne leçon en l'envoyant enquêter sur ce qui s'est avéré le fruit de la colère d'une bande de femmes, contre des hommes qui limitent leur capacité à s'exprimer. Le risque de fou rire passé, elle oscille entre étonnement, admiration et questionnements juridiques. Selon elle, deux portes de sortie : soit les galeristes achètent leur idée de *happening*, donc plus de plainte, mais il faudra potentiellement gérer les conséquences d'avoir mobilisé la police et la justice pour rien, soit ils décident de les attaquer. Elles devront alors muscler leur histoire, la confier à un·e avocat·e et se préparer à ce que tout ça ne se termine pas très bien. Elle brise le silence désappointé qui suit cette conclusion :
« Pour moi, de toute façon, ça s'arrête là, et j'espère que pour vous, tout se finira bien (ne dites pas que je vous ai dit ça). Avant de partir, j'aimerais juste voir ces œuvres que je cherche partout depuis une semaine. »

***

L'effet de groupe a cette qualité qu'il entraîne les moins courageuses et est censé tempérer les plus imprudentes. On pourrait croire que cette histoire rocambolesque a fait perdre du temps à tout le monde, mais ici, on décide que le message est passé sans que personne ne soit blessé. Les artistes s'en sont sorties avec une amende, remboursée rapidement avec les recettes des entrées de leur exposition. Les galeristes ont pansé leurs ego blessés en capitalisant sur leur rôle de découvreurs de talents. Personne n'a eu envie d'y passer plus de temps. Tout est bien.

Bibliographie

Pour vous permettre de vous y retrouver sans relire le cahier en entier, on vous remet ici les références clés ! On a cependant décidé de ne citer de nouveau que les œuvres et ressources portées par des femmes, minorités de genre et les quelques hommes cis considérés comme alliés.

À propos d'amour, bell hooks, Divergences, 16 euros
Atteindre l'Aube, Diglee, La ville brûle, 18 euros
Au-delà de la pénétration, Martin Page, Le Nouvel Attila (poche), 10 euros
Cher connard, Virginie Despentes, Grasset, 22 euros / Le livre de poche, 8,70 euros
Et l'amour aussi, Marie Docher, La Déferlante éditions, 25 euros
Femme portant un fusil, Sophie Pointurier, Harper Collins, 19,90 euros
Je bande donc je suis, Sainte Paluche, éditions Kiwi, 19 euros
Jouissance Club, Jüne Pla, Marabout, 17,90 euros
La Dame de la Mer, Anita Conti (photographies), éditions Revue noire, 10 à 35 euros
La Fabrique de la ménopause, Cécile Charlap, CNRS éditions, 20 euros
Lait et Miel (Milk and Honey), Rupi Kaur, Pocket, 8,60 euros
Le Cœur sur la table, Victoire Tuaillon, Binge Audio Éditions, 18 euros
Le Féminisme ou la mort, Françoise d'Eaubonne, préfacée par Myriam Bahaffou et Julie Gorecki, Le Passager Clandestin, 20 euros
Le Manuel gourmand de la ménopause, Elvira Masson et Jennifer Hart-Smith, Seuil, 29,90 euros
Les hommes hétéros le sont-ils vraiment ?, Léane Alestra, JC Lattès, 20,90 euros
Les hommes ont tué l'amour, Sabrina Erin Gin, LEDUC société, 17 euros
L'Homme pénétré : repenser notre intimité, Zoé Redondo et Martin Py, La Boîte à Bulles, 23 euros
Moi, je veux être une sorcière. Ménopause : le dernier tabou, Marie Pavlenko et Joséphine Onteniente, Bayard graphic, 22 euros
Mrs Dalloway, Virginia Woolf, Le Livre de Poche, 7,90 euros
Orlando, Virginia Woolf, Folio classique, 7,50 euros
Réinventer l'amour, Mona Chollet, Zones, 19 euros
Rivales «Il n'y a rien de pire que les femmes entre elles», Marie-Aldine Girard, Flammarion, 18 euros
Sororité, Chloé Delaume (dirigé par), Points, 6,90 euros
Vieilles peaux, Fiona Schmidt, Belfond, 20 euros

* Nous avons décidé de catégoriser les supports sans classer les intentions d'écriture. Cela pour nous éviter l'écueil du choix, quand certains ouvrages oscillent entre essai et fiction, et s'abstenir de hiérarchiser les écrits.

Bélier
(21 mars - 20 avril)

Cet été, la canicule a raison de votre libido. Vous êtes pris·e dans un cruel dilemme : prendre l'avion pour trouver des camarades de plongée sous glace et contribuer à la faire fondre, ou continuer de fantasmer depuis la fournaise en gardant au moins votre conscience écologique pour vous. Grâce à vous, le #ice-bath est en trend sur X, Instagram et TikTok. Vous rêvez d'être littéralement transi·e et vous évitez tout rapprochement qui pourrait faire encore monter la température. Vous laissez donc des instructions claires à toutes les personnes qui vous intéressent : vous ne prendrez aucun appel à part ceux de vos parents et de vos meilleur·es potes avant le mois de novembre.

Taureau
(21 avril - 20 mai)

Vous avez décidé de placer votre été sous le signe de l'amitié. Vous êtes le roc, le soutien de vos proches et vous en aurez plusieurs à consoler de leurs amours malheureuses. Votre engagement envers les autres et l'énergie déployée pour leur redonner goût à la vie en société pourrait ouvrir les yeux de certain·es sur les sentiments qu'iels nourrissent pour vous. Vous n'y prêtez pas beaucoup d'attention, et c'est ce qui fait en partie votre charme ; concentré·e sur votre tâche, vous ne vous demandez pas si quelqu'un·e vous regarde. S'iels sont vraiment intéressé·es, qu'iels viennent vous chercher.

Gémeaux
(21 mai - 21 juin)

Il n'y a pas beaucoup de choix dans ce chalet où s'entassent vos ami·es, entre ex-amant·es, couples inséparables et même quelques mômes qui s'autogèrent pendant que les adultes essaient « d'adulter ». De toute façon, cet été, vous êtes marié·e aux cimes, celles qui sont encore (pour le moment) enneigées, et aux restes de glaciers. Vous êtes en premier sur le pont le matin, vous hésitez entre les chaussures de rando classiques ou les crampons et il y a toujours une corde et quelques mousquetons qui pendouillent à votre sac à dos.

Cancer
(22 juin - 22 juillet)

Cet été, vous embarquez votre partenaire dans un *world tour* des membres de votre famille. Planifié depuis des mois, ce voyage sur les traces de vos racines vous rappelle pourquoi on dit de vous que le fruit s'est envolé loin de l'arbre. Vous aviez peur d'avoir fait une erreur en l'entraînant dans cette histoire, mais vous en sortez conforté·e : il ou elle a surmonté l'épreuve haut la main et vous remercie de vous être ouvert·e ainsi.

Lion
(23 juillet-22 août)

L'intérieur de votre valise brille comme un coffre au trésor. Vous avez aussi fait un stock de paillettes biodégradables et vous en collez sur tout et sur tout le monde. Vous payez tout en cash pour mieux vous rendre compte de vos dépenses et ne gardez la carte bleue que pour les cas de force majeure. Vous devez changer de numéro avant la fin du mois de juillet : vous aviez oublié qu'on ne laisse pas ses coordonnées au marqueur sur un billet de 20, même quand c'est le seul moyen d'attirer l'attention du ou de la « mixologue » caché·e derrière son comptoir.

Vierge
(23 août-22 septembre)

Vous hésitez encore à officialiser votre régulier·ère et c'est la moindre des choses. Vous avez réussi à repousser le moment de la rencontre avec les parents en choisissant par hasard la semaine où iels seraient à l'autre bout du pays pour vos vacances dans la maison d'enfance de votre prospect en cours. Vous placez vos espoirs dans ces quelques jours au sein de son environnement d'origine pour vérifier qu'il ou elle remplit bien la *checklist* de vos critères amoureux.

Balance

(23 septembre - 22 octobre)

♥ Vous avez gardé des étés de votre enfance ce sentiment d'impunité et l'absolue certitude que la rentrée effacera tout et sera le moment d'un fabuleux recommencement. Le problème, c'est que vous ne passez pas du lycée à la fac, mais vous devez retrouver les mêmes collègues de boulot, ainsi que la personne qui partage votre vie, éventuellement vos enfants... Vos ami·es s'inquiètent de vous voir flirter avec vos ex comme s'iels n'étaient pour vous que des amours de vacances.

Scorpion

(23 octobre - 22 novembre)

♥ Le stage de surf que vous vous êtes payé devait être le terrain de chasse de votre été. Mais votre esprit de compétition a pris le dessus et vous préféreriez crever de honte que d'avoir à vous faire repêcher par les deux êtres de lumière dignes d'Alerte à Malibu qui vous servent de moniteur·ices. À la fin du stage, vous êtes la star du groupe, mais vous faites un peu peur à tout le monde. Ça vous permet de procéder par élimination. Vous jouez les prolongations avec l'unique co-stagiaire qui ne se laisse pas impressionner.

Sagittaire

(23 novembre - 21 décembre)

♥ Vous avez bataillé pour obtenir ces vacances loin du bruit et de la fureur (y compris celle de vos enfants, si vous en avez). Votre partenaire a fini par le comprendre et se montre à la hauteur des efforts titanesques entrepris pour que tout rentre dans les cases. Des apéros gastronomiques, quelques jeux de société et un carnet à dessin pour ne pas perdre la main (pour une fois que vous n'avez pas besoin de partager vos crayons) font votre bonheur. Vous levez la tête au moment du coucher de soleil sur la colline et vous soupirez d'aise à l'unisson.

Capricorne

(22 décembre - 20 janvier)

♥ 2024 est votre année. Vous ne laisserez personne passer au tout premier plan, mais il faudra quelques efforts pour que d'autres puissent faire de vous leur priorité numéro 1 de l'été. En relation, vous profitez de la saison pour creuser les points forts de votre ou de vos amoureux·ses. Célibataire, l'optimisme est votre mantra depuis que vous avez tiré l'Étoile à votre dernière séance de tarot. Vous avez à cœur de faire éclore le meilleur de vos partenaires, sans arrière-pensée pour l'avenir. La Nuit des étoiles filantes vous apportera peut-être quelques réponses, pour décider en regardant le ciel de qui vous vous rappellerez après la rentrée.

Verseau

(21 janvier - 19 février)

♥ Vous avez prévu quelques dates, mais rien qui puisse gâcher vos vacances si les prétendant·es ne sont pas à la hauteur. Rien en soirée, pour commencer, ça évite de se coucher de mauvaise humeur. Vous êtes toujours en avance pour les voir arriver et ne pas risquer de vous laisser surprendre. Vous choisissez votre livre d'attente en fonction du profil et votre boisson en fonction du livre. C'est votre gimmick d'accroche. Pour pimenter le jeu, vous gardez parfois un même livre pour deux rendez-vous, ça vous permet de comparer. À la fin de l'été, vous faites un tri et départagez le trio de tête en fonction du souvenir qu'iels gardent de votre lecture du premier jour.

Poisson

(20 février-20 mars)

♥ Ne vous laissez pas hypnotiser par le premier serpent à sonnettes venu, mais prenez quand même les compliments : il n'y a pas de mal à se faire du bien ! Le shoot de confiance vous permettra de mener la danse et de mieux cerner vos possibilités. Quelques belles rencontres pourront alors s'esquisser, mais attendez l'automne avant de les ranger par catégories : *office crush* (quand on est freelance, il faut bien les rencontrer quelque part), partenaire de jam session (vous êtes en phase sur scène, mais pas vraiment au lit), *wannabe soulmate* (n'allons pas trop vite en besogne, mais iel sait déjà tout de vous et vice versa).

Résultats *et solutions*

Choisissez les bons mots ! – page 11

Réponses : identité de genre - expression de genre - identité de genre - orientation sexuelle

---

Parcours de combattante – page 15

Réponse : Nouvelle-Zélande

Parlez-vous l'émoji ? – page 16

Réponses : 1.*Thelma et Louise* 2. *Kill Bill* 3. *Portrait de la jeune fille en feu* 4. *The Craft (Dangereuse alliance)* 5. *Carol* 6. *Jeanne Dielman* 7. *La Revanche d'une blonde* 8. *Mad Max Fury Road*

Retrouvez les paroles ! – page 18

1. Interprète : Angèle. Paroles : sale - codes - filles • **2. Interprète :** Euphonik. Paroles : mère - vie - justifier • **3. Interprète :** Cléa Vincent. Paroles : femmes - écoutées - detécô • **4. Interprète :** Koxie. Paroles : leçon - fellation - éducation

---

Réécrivez les paroles ! – page 19

Black M, *Je ne dirai rien*, 2014 : « Tu es forte, spirituelle et brillante
Tu te crois banale et transparente ?
Pourtant, la première raison pour laquelle on t'écoute, c'est ton intelligence »

Léo Ferré, *Ton style*, 1971 : « Ton style, c'est ton esprit, c'est ta beauté, c'est ton humour
Ton style, c'est ma joie quand on échange du désir et de l'amour »

Georges Brassens, *Une jolie fleur… dans une peau de vache*, 1954 : « Il n'avait pas de problème, il n'avait pas
À ce qu'on lui fasse la cour
Car pour l'amour, on ne demande pas
Aux garçons de jouer les séducteurs tous les jours »

Sortez vos stylos : interro surprise ! – page 25

Récitation : *Mon corps, mon choix / Un enfant quand je veux, si je veux / On ne naît pas femme, on le devient / Pas d'utérus, pas d'avis ! / Game ovaire / Un homme sur deux est une femme / Le féminisme n'a jamais tué personne, le machisme tue tous les jours…*

Brainsto : *Fils de lune, crétine, survolté·e*

Mime : *Charge mentale, manspreading, plafond de verre*

Avancées féministes : devinez le pays ! – page 36

Réponses : 1/ L'Espagne, 2/ L'Écosse, 3/ Le Japon

La roue tourne – page 39

Réponse :
Tain-l'Hermitage, 2102
Après de nombreuses manifestations et grèves, nous avons perdu cette bataille. Les Sauveurs sont au pouvoir, mais pas pour longtemps. Nous avons découvert comment envoyer des messages dans le passé, et peut-être modifier le futur. Vous êtes notre espoir. Grâce à vous, cher·chères ami·es, nous pourrons peut-être mettre fin au règne misogyne qui s'est mis en place. Tout a commencé en 2024, avec l'interdiction de l'ancienne écriture inclusive. Ne vous laissez pas faire, luttez pour son inscription dans la Constitution. Tout part de là. Luttez, mes sœurs.

Gender gaps : jaugez les fossés ! – page 40-41

Qui a le plus d'argent de poche ?
Réponses : Écart : (44-38) / 44 = 14 % (pourcentage arrondi)
Différence sur un an : **72 euros**. 528 - 456 = 72
Détails calcul : Camille : 44 x 12 = 528, Stéphane : 38 x 12 = 456
Différence sur cinq ans : **360 euros**. 72 x 5 = 360 (somme arrondie)

Qui de Sue ou de June gagne le plus ?
Réponses : Salaire horaire de Sue : 30 dollars
30 - 9 % = 27,3
Salaire horaire de June : **27,3 dollars**

Salaire hebdomadaire de Sue : **1 200 dollars** (30 dollars x 40 heures par semaine)
1 200 - 9 % = 1 092
Salaire hebdomadaire de June = **1 092 dollars** (27,3 dollars x 40 heures par semaine)

Salaire annuel de Sue : **62 400** dollars (1 200 dollars x 52 semaines)
Salaire annuel de June : **56 784** dollars (1 092 x 52 semaines)

Écart annuel entre Sue et June : **5 616** dollars
Détails calcul : 62 400 - 56 784 = 5 616
Calculé sur dix ans, l'écart s'élèverait à **56 160 dollars** (soit quasiment le salaire annuel de June)
Détails : 5 616 x 10 = 56 160

« Gender masturbation gap »
Réponses : Fossé masturbatoire = **57,8 %**
Détails calcul : 166 - 70 = 96. 96 / 166 x 100 = **57,8**

Réponses :
Au total, les femmes se masturbent donc 10 semaines dans l'année
Détails calcul :
Femmes : 70 (fois) / 365 (jours) = 0,19
0,19 x 52 (semaines) = 10 (résultat arrondi)
Si l'on cumule chaque jour de masturbation : 70 (fois) / 7 jours = 10

Au total, les hommes se masturbent 23 semaines dans l'année
Détails calcul :
Hommes : 166 (fois) / 365 (jours) = 0,45
0,45 x 52 = 23 (résultat arrondi)
Si l'on cumule chaque jour de masturbation : 166 fois / 7 jours = 23

Femmes scientifiques du monde entier, on vous voit ! – page 42

Réponses :
Mary Beatrice Davidson Kenner ⟶ serviette hygiénique
Mary Anning ⟶ des fossiles
Zohra Ben Lakhdar Akrout ⟶ la pollution de la mer et de l'air
Ada Lovelace ⟶ l'ordinateur
Sarah Tabitha Babbitt ⟶ la scie circulaire
Chien-Shiung Wu ⟶ la non-conservation de la parité

Vocabulaire – page 45

Coït
Action de se réunir - Relation sexuelle entre deux individus.

Circlusion
Action d'entourer la verge par le vagin, la bouche ou l'anus.
Néologisme théorisé en 2016 par la philosophe et féministe allemande Bini Adamczak.

Vaginisme
Contraction involontaire, répétée et persistante des muscles périnéaux, rendant la pénétration douloureuse voire impossible.

Dyspareunie
Douleur à l'entrée ou au fond du vagin, lors d'une pénétration.

Préliminaires
Terme réducteur pour rassembler toutes les pratiques qui n'incluent pas de pénétration.

Allô docteur·e ? – page 46

1. Vrai : Le SOPK est à l'origine de plus de 70 % des infertilités par anovulation.
2. Vrai.
3. Faux, ce sont deux maladies différentes. Le lipœdème est reconnu par l'OMS, mais pas encore par la Sécurité sociale française.
4. Vrai : Le lymphœdème est un gonflement chronique d'un membre lié à un dysfonctionnement des vaisseaux lymphatiques, alors que le lipœdème est une augmentation du tissu adipeux.
5. Faux. En 1935, lorsque cette maladie a été décrite pour la première fois, les médecins Stein-Leventhal ont cru que les follicules étaient des microkystes, et le nom erroné est resté.

Sortez vos stylos : interro surprise ! – page 48

Réponses :

ex. 1
1. Ann Oakley
2. Sojourner Truth
3. Marie-Andrée Lagroua Weill-Hallé
4. Tarana Burke
5. Arlette Laguiller

ex. 2
Réponses 3 et 6

ex. 3
coéquipière > partenaire
concurrentes > adversaires
entraîneur > coach
professionnelles > spécialistes
pompiers > secouristes / urgences

Les 4 fantastiques – page 50

Ces chansons vont briser votre cœur de féministe ! – page 52

Traduction et réponses :

Every Breath You Take

Chaque respiration que tu prends
Et chaque mouvement que tu fais

Chaque lien que tu brises
Chaque pas que tu fais
Je te surveillerai

Oh, ne vois-tu pas
Que tu m'appartiens ?

Vous avez peut-être longtemps entendu une chanson d'amour – et vous êtes probablement loin d'être le ou la seul·e ! Mais maintenant que vous avez prêté une oreille plus attentive aux paroles, vous avez sans doute compris que surveiller les moindres faits et gestes de sa « bien-aimée », ce n'est pas de l'amour… mais du harcèlement.

Under My Thumb

Sous ma coupe
C'est l'animal de compagnie le plus doux, hm, du monde
C'est grâce à moi
La façon dont elle parle quand on lui parle
C'est à moi que l'on doit le changement
Elle est sous ma coupe

Qu'on ne s'y trompe pas : les paroles n'évoquent pas l'histoire d'une jolie chatte que son maître aurait réussi à dresser, mais de sa petite amie, précisément comparée à un animal de compagnie que son mec bien viril a réussi à rendre docile. C'est encore plus problématique lorsque l'on sait qu'elle a été inspirée par la mannequin et actrice Chrissie Shrimpton, petite amie de Mick Jagger au moment où il a écrit cette chanson. Ce titre des Rolling Stones s'est retrouvé sous le feu des critiques dès sa sortie pour ses paroles sexistes, pointées par les voix féministes de l'époque.

Run For Your Life

Je préférerais te voir morte, petite fille
Que d'être avec un autre homme
Tu ferais mieux de garder la tête froide, petite fille
Ou je ne saurai plus où je suis

Tu ferais mieux de courir pour ta vie si tu le peux, petite fille
Cache ta tête dans le sable, petite fille
Je t'attrape avec un autre homme
C'est la fin, petite fille

La mélodie et la voix de Lennon ont beau être entraînantes, on en prend un sacré coup en découvrant les paroles ! Tranquillement, entre deux accords de gratte, le « grand John » prévient une petite amie fictive qu'il n'hésitera pas à commettre un féminicide si elle ose le tromper. Pour la petite histoire, la phrase « Je préfère te voir morte, petite fille, que d'être avec un autre homme » aurait été inspirée d'une chanson d'Elvis Presley : *Baby Let's Play House* (1959). Merci, Elvis, mais on s'en serait bien passé·es…

VO : décrypter Woolf dans la langue de Shelley – page 53

Réponses :

False - True - True - False - False - True

N'oubliez pas les paroles ! – page 54

Réponses :

***Canción sin miedo* de Vivir Quintana**

Que tiemble el Estado, los cielos, las calles
Que tiemblen los jueces y los judiciales
Hoy a **las mujeres** nos quitan la calma
Nos sembraron **miedo**, nos crecieron alas

A cada minuto, de cada **semana**
Nos roban amigas, nos matan **hermanas**
Destrozan sus **cuerpos**, los desaparecen
No olvide sus nombres, por favor, señor presidente

***Beautiful Little Fools* de Jorja Smith**

Beautiful little fools
That's what us girls are destined for
Beautiful little fools
Born to be **adored**
Where is the feminine race?

Where are these so-called **independent** women?
Who pick up their **flaws**
And let the world in
Where are these **girls**?

***Brividi* de Mahmood et Blanco**

Dimmi che non ho ragione
vivo dentro una **prigione** provo a restarti
vicino ma scusa se poi mando tutto a puttane
Non so dirti ciò che provo, è un mio limite

per un **ti amo** ho mischiato droghe e **lacrime**
Questo **veleno** che ci sputiamo ogni giorno ionon
lo voglio più addosso

Jeu des 7 différences – page 68

Moins de spectateur·ices / moins de sponsors / moins de photographes / pas de caméra / T-shirts et shorts pour les hommes vs maillots courts pour les femmes / couleur des poteaux / couleur de la ligne.

C'est quoi... l'écoféminisme ? – page 76

Résultats 1. b ; 2. 1974 dans *Le Féminisme ou la Mort* ; 3. vrai ; 4. b ; 5. b ; 6. approche, forêt, élément. Citation issue d'un entretien en 2014 à *L'Express* ; 7. a, il s'agit du mouvement Chipko ; 8. c, la première est le mouvement Chipko, la seconde a eu lieu sur le chantier de la centrale nucléaire de Fessenheim dans le Haut-Rhin sous l'impulsion de Françoise d'Eaubonne et de ses amies, qui ont posé des bombes artisanales en 1975.

Colle ! – pages 26, 49 et 71

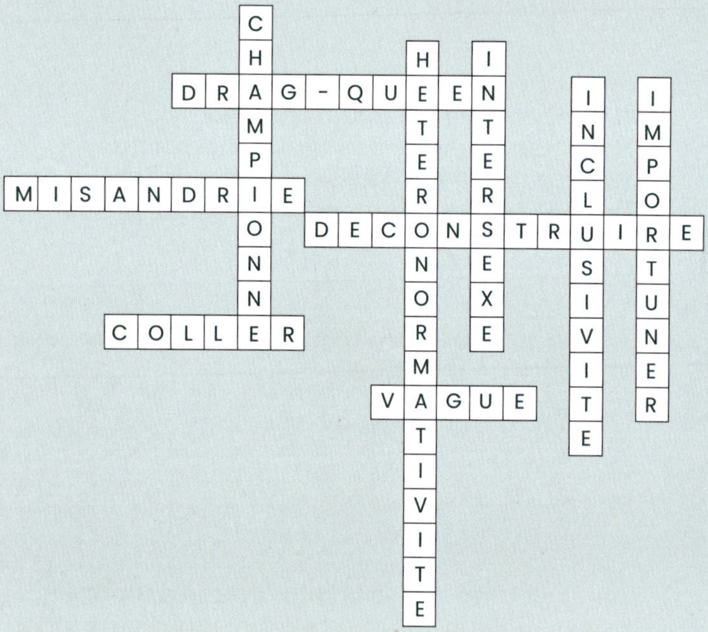

V	P	O	V	W	H	P	B	E	A	C	H	B	O	D	Y	D	G
C	T	V	O	S	X	Q	Y	C	H	I	L	D	F	R	E	E	A
L	I	A	U	E	E	N	B	U	Y	U	P	D	P	P	G	U	S
J	P	R	Q	G	K	Y	O	K	Q	D	K	M	P	L	M	R	L
B	R	P	C	A	L	Q	M	N	U	E	C	G	M	I	U	F	I
C	O	M	I	N	G	O	U	T	B	G	U	T	B	M	I	V	G
R	N	B	U	N	G	I	K	O	M	I	X	T	R	Z	D	X	H
S	O	O	R	S	K	M	J	J	T	P	N	U	O	J	C	A	T
N	U	G	X	H	F	W	F	U	L	A	I	A	P	R	B	L	W
S	N	Y	Z	C	I	J	A	V	S	H	S	V	R	X	U	L	M
K	Q	W	P	H	D	A	L	V	W	H	M	H	I	Y	K	Y	J
O	M	C	Q	A	Q	A	K	U	E	P	A	B	A	Q	X	E	S
E	M	P	O	W	E	R	M	E	N	T	M	M	T	L	T	O	P
Z	S	T	T	U	B	I	N	E	Q	U	A	L	I	T	I	E	S
W	I	Z	J	P	O	E	T	N	Z	T	I	A	N	N	F	A	G
K	E	Z	H	R	P	G	E	N	D	E	R	K	G	G	G	S	N
H	O	B	I	D	E	N	T	I	T	Y	P	W	G	K	Z	V	M
I	A	L	A	I	Y	C	E	B	A	C	K	L	A	S	H	D	B

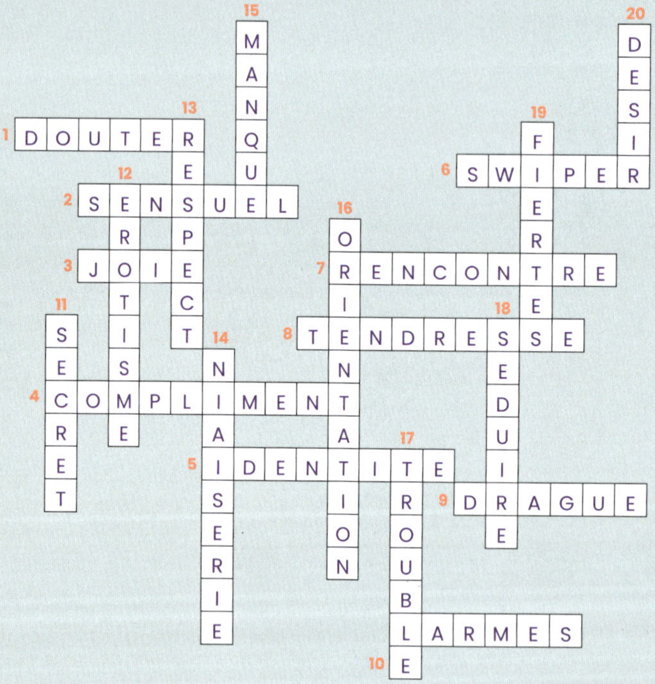